Small Gratitude

小さな感謝

人生を好転させる 一番簡単な方法

Shinobu Kashima
鹿島しのぶ

三笠書房

はじめに

「感謝力」を磨くことが、人生を好転させる一番簡単な方法だ。

私はそう思っています。

しかも**「小さなこと」への感謝を忘れない。**

それが何より大切だと思っています。


人生は、いいことばかりではありません。

ときにはつらいこと、くやしいこと、腹が立つことが起こる日もあります。

そんなとき、人は感謝、とくに「小さなこと」への感謝を忘れがちになります。

そして、こんなふうに、愚痴ったり、落ち込んだりするのです。

「今日は何もかもうまくいかなかったな……」

「今日は何ひとついいことがなかったな……」
と。

でも、ちょっと待ってください。
本当に「何もかもうまくいかなかった」のでしょうか？
「何ひとついいことがなかった」のでしょうか？
そんなことはないはずです。
なぜなら、人はひとりでは生きられないからです。
人は誰かの協力や助けなしでは、一日たりとて生きられないのです。
そのことを深く理解する。
そうすれば、どんなときでも感謝できることが山ほどあることに気づくでしょう。

「小さな感謝」をどれだけ見つけられるか。
そして、「ありがとう」とどれだけ伝えられるか。

そこに人間関係や仕事を好転させていくカギがあります。
そこに人生がうまくいく人と、うまくいかない人の分岐点があります。

感謝には必ず感謝が返ってきます。
それが喜びとなり、励みとなり、ときには活力となります。
日々を清々《すがすが》しく、穏やかに、前向きに生きる糧《かて》となります。
その「事実」をお伝えしたいと思い、筆を執りました。
本書が、あなたの「感謝力」を磨く一助となれば幸いです。

鹿島しのぶ

目次

はじめに　1

1章 この「小さな感謝」を忘れない

● 感謝は、上手に生きるための〝スキル〟　12
● 感謝で心も体も人間関係も変わる　16
● 〝あの人〟への感謝、忘れていませんか？　20
● 「それでも感謝しなさい」という教え　24
● 「ありがとう」「こちらこそ」の魔法　30
● 感謝はどんどん〝伝播〟する　33
● 「感謝日記」のすすめ　37

●「すみません」を「ありがとう」に言い換えよう 40
●まずは身近な人への感謝から 44

2章

「喜ばれる存在」になる

●人から求められる人の共通点 48
●〝ちょっとおせっかい〟な人の魅力 52
●「サービス精神」は自分に返ってくる 57
●「あの人、いいよね」といわれる人になる 61
●「いわなくたってわかるはず」はNG 64
●〝本物のホスピタリティ〟とは？ 67
●喜んでもらえることに喜びを 70

● 「感謝は、すべての徳の源である」 73
● 「ご縁」に感謝すると幸せになれる 76

3章

仕事ができる人の「感謝力」

● 「お疲れさま＋ありがとう」で仕事がうまくいく 82
● 「凡事徹底」がチャンスを引き寄せる 86
● 「おかげさま」のひとことを忘れない 90
● 「ないものねだり」は感謝の敵 94
● 「完璧主義者」がわかっていないこと 99
● 「素直に謝る」のも感謝のひとつ 102
● 「感謝」のまわりに成功の花が咲く 105

● 一流のリーダーに学ぶ「感謝力」 108
● 「寛容力」の磨き方 113
● 「怒らない」方法 117

4章

だから、この人は信頼される

● 「感謝力」がある人は簡単にへこたれない 124
● 感謝の気持ちが「最強チーム」をつくる 128
● ひとつ上の「感謝の言葉」を磨こう 132
● 「ありがとう」は最善のクッション言葉 135
● なぜ、あの人には「敵」が多いのか？ 138
● 「分をわきまえる」と感謝が生まれる 143

5章

「与える人」こそ恵まれる人

●「正論」をいうときほど、慎重に 147
●「クレーム」に感謝できる人は伸びる 150
●「お礼はあとでいいや」は禁物 154
●私たちは「生かされている」 158
●運やチャンスは「人」が運んでくる 162
●「縁の下の力持ち」を大事にする 166
●「受けた恩」への感謝を一生忘れない 170
●「身のまわりのモノ」への感謝も忘れない 174
●「いまあるお金」に心から感謝する 179

6章

「感謝」という幸福の種をまく

● お金とは常に「いただくもの」 184
● お金を「人のために使う」人は幸せになる 188
● 「お金には意思がある」と考える 192
● 「お互いさま」が幸せを呼ぶ 198
● 「感謝のルーティン」をつくる 202
● 「私は自分自身の幸運に感謝したい」 207
● 感謝は「乗り越える力」を与えてくれる 211
● 感謝は人生を〝安定〟させる 213
● 「感謝できない自分」も許そう 216

編集協力／有限会社ザ・ライトスタッフオフィス
本文DTP／株式会社Sun Fuerza

1章

Small Gratitude

この「小さな感謝」を忘れない

「ありがとう」の法則

感謝は、上手に生きるための〝スキル〟

感謝とは、ひとことでいえば、「ありがたい」と思う気持ちのこと。そんな気持ちを持ち、お互いに示し合っているのは、地球上に生きている数多くの生き物のなかで、一部の霊長類を除けば人間だけとされています。

人は、まわりの人と支え合い、助け合っているからこそ生きていられる存在です。人間が長い時間をかけて進化してくるなかで、「感謝」という気持ちを持つようになったのも、そんな人間の、社会を基盤とした生き方がきっかけだったのかもしれません。

ところが、人は忙しく日常生活を送っているうちに、ついついそのことを忘れてしまいがちになってきました。

かつての日本社会では、地域に住む人々に仕事を手伝ってもらったり、子どもの世話をしてもらったり、あるいはモノをやりとりしたときには、「ありがとう」と感謝の気持ちを口にしていたものです。多くの人がお互いに顔を知っており、密なコミュニケーションが成立しているなかでは、それが当然のことでした。

ところが都市化が進むにつれ、とくに人口が集中している都会などでは、なかなか他者との関わりを持つことが難しくなってきました。その結果として、感謝の言葉を口にする機会も激減してしまっているように思います。

人に感謝できない人は、他罰的になります。何かあるたびに、「私が失敗したのはあの人のせい」「ああいう人たちがいるからダメなんだ」「私は何も悪くない。まわりが悪いのよ」などとコミュニティの和をかき乱します。

でも、そんなことを繰り返していると、そのうち、「あの人はわがままだ」「あの人は自己中心的ね」と見られるようになり、徐々に関わるのも面倒だと敬遠されるようになり、最後は居場所を失ってしまうのです。

「べつにいい。私は私で勝手に生きるから」と虚勢《きょせい》を張ってもダメ。人は他者との関係を断ち切って生きていけるはずがありませんから、人生が好転するどころか、どんどん孤立してマイナスのサイクルに陥っていくばかりです。

逆に、感謝の心を持ち、そしてそれをきちんと周囲の人に伝えられる人は、どうでしょうか。

誰かに、何かお世話になったとき、相手の人に「ありがとう」という言葉を伝えれば、清々《すがすが》しい気持ちになります。

いわれた相手だって、感謝の言葉をいわれたらうれしく思います。そして、感謝してくれた人のために、もっと何かしてあげたいと思います。

こうして、感謝し、感謝されることで、両者の関係がより近づき、より安定したものとなり、いい人間関係が結ばれ、幸せのサイクルを生み出すことにつながります。

そういう意味では、**「感謝は、上手に生きるためのスキルだ」**と私は思っています。

何か素敵なプレゼントをもらったり、美味しい食事をごちそうになったりしたときは、誰でも「ありがとうございます」と感謝するでしょう。

でも、ちょっとしたこと、小さなことへの感謝は忘れがち。

あなたは、どうでしょうか。

つい「小さな感謝」を忘れていませんか?

アイルランド生まれの教育学者、マーガレット・カズンズは、こんな言葉を残しています。

「感謝は一日を豊かにし、人生を変えることさえあります。必要なのは、それを言葉にしようとするあなたの意欲だけです」

と。

感謝のすごい効果

感謝で心も体も人間関係も変わる

カリフォルニア大学のロバート・エモンズ教授は、長年にわたって、「感謝の気持ち」が心理的幸福、身体的健康、そして他者との関係に与える影響を研究してきた人物です。

教授は、その結果として、次のような効果があったとしています。

【心理的効果】

・ポジティブな感情が高まり、肯定力が増す
・より注意深くなり、いきいきとしてくる
・より楽しさやうれしさを感じるようになる

・楽天的になり、幸福感が高まる

【身体的効果】

・免疫力のアップ
・痛みの軽減
・血圧の低下
・より運動し、健康管理に努めるようになる
・よく眠り、目覚めがよくなる

【社会的効果】

・より親切になり、他者を助け、慈悲深くなる
・より他者の過ちに寛大になる
・より外交的になる
・孤立感や孤独感が軽減される

こんなにもすごい効果がなぜ表れるのでしょうか。エモンズ教授は、その理由について、次のように語っています。

理由①感謝することで〝いま〟得られる喜びが最大化されるから

人は、新しい洋服や新しい車、以前よりも高い収入を手に入れてもすぐに慣れてしまうように、喜びやうれしさなどのポジティブな感情も、あっという間に消え去り、ときにはまるで何も起こらなかったかのように〝これまでの自分〟に戻ってしまう。しかし、感謝の気持ちを持ち、それを表現し、確認することで喜びが継続し、増大する。

理由②感謝が、有害でネガティブな感情を排除するから

ネガティブな、嫉妬、恨み、後悔などは人の幸福感を損なう。しかし、感謝の気持ちはそうしたネガティブな感情とは対極にあり、感謝の気持ちに意識を集中することでそれらを排除することができる。

理由③感謝する人はストレスに強いから

きちんと感謝できる人は、トラウマ・逆境・苦しみからの回復が、感謝できない人より早い。感謝の気持ちが、ものごとに対するとらえ方にプラスの影響を与え、ストレスや不安から身を守るように働くからである。

理由④感謝する人は自尊心が高いから

感謝するということは、これまでの自分に貢献してくれた人々や、いまの自分を支えてくれている人の存在に気づくこと。またその結果、他者が感じる自己の持つ価値に気づくことができ、自分自身に対する見方をいい方向へ変えることが可能となり、自分自身の自尊心を高める効果もある。そして感謝の気持ちを相手に伝えることで、これらの効果をより高めることができる。

いかがでしょうか。感謝することは、まさに、いいことずくめなのです。

「幸福度ランキング」で見えてくること

〝あの人〟への感謝、忘れていませんか？

国連が発表している世界幸福度ランキング（二〇二二年）によると、日本はなんと五四位です。参考までに、上位五カ国は、一位：フィンランド、二位：デンマーク、三位：アイスランド、四位：スイス、五位：オランダの順でした。

これはかなり残念な結果ですが、たしかにいまの日本は、コロナ禍に加え、経済の低迷や少子高齢化問題などを抱えて将来を見通せず、幸せを感じにくい時代を迎えているような気がします。

実際、日本国内では、多くの人が「思いどおりにならない」と閉塞感を訴え、世の中に対するネガティブな嫉妬、恨み、後悔を口にしています。

「親ガチャ」なんていう言葉もあります。自分では選べない親や家庭環境によって人生は決められていて、「とても将来に対する夢なんて持てないよ」というわけです。

なんだか、もうすっかり人生をあきらめてしまったかのような言葉です。幸福度ランキング五四位というのは、そんないまの日本の世情を反映しているようにも思えます。

そんな日本では、多くの先進国と同様に、社会がどんどんシステム化され、生活はきわめて便利になっています。いまや、言葉なんて交わさなくても生きていけるほどです。

コンビニに行くと、ひとことも会話をしないまま出ていく人を多く見かけます。また社会生活で必要ないろいろな連絡事項だって、おおかたはメールで済んでしまいます。それこそ、会話の必要がどんどんなくなっているのです。これでは、感謝の言葉を口にするシーンが減るのも必然です。

でも私は、**こんな時代だからこそ、感謝が必要だ**と思うのです。だって、思いどおりにいかないことを並べ立て、「それは社会のせいだ」とか、「しょせん自分なんて」とあきらめていても、何ひとつ変えられるわけがないのですから。

そんな状況を打ち破るためにも、前述したエモンズ教授がいうような「感謝の力」によって、自分を再構築する努力をはじめるべきでしょう。

最初にすべきことは、**「自分のこれまでの人生を振り返ってみる」**ことです。それは別に難しいことではないでしょう。そして思い出すのです。

お父さん、お母さんがいたからいまの自分がいるんだ。

小学校のとき、あの先生にはお世話になったわ。

そういえば、あのときは友だちに助けられた。

と。

子どものころに限りません。社会に出てからだって、会社の同僚や上司、趣味で知り合った人など、いろいろな人に助けられ、支えられて生きてきたはずです。

どんな人でも、ひとりで生きてきたわけではありません。感謝すべき人は、いっぱいいるはずです。

ただ、そのときには気づかなかったり、感謝したものの、それを言葉にしないまま忘れてしまったりしているだけなのです。

私は、まずそうした**「感謝の記憶」を掘り起こすことが、「感謝力」を磨く第一歩**だと思います。自分が多くの人に支えられ、助けられながら、それらの人とともに生きていることをしっかりと自覚するのです。

その作業は、言葉を換えれば、自分の心に〝感謝の気持ちを育てる豊かな花壇〟をつくるということを意味しています。

そこで、感謝の気持ちをいっぱい育てることでマインドを前向きにリセットしましょう。それが、この思いどおりにならない人生をよりよく生きることにつながるのです。

稲盛和夫の言葉

「それでも感謝しなさい」という教え

少し前のことですが、ネスレ日本が、全国の一〇代～五〇代の男女一〇〇〇人を対象に、日本人の感謝行為に関する調査を行ないました。

それによると、**日本人が一日に「ありがとう」という回数の平均は七・五回だったのに対して、いわれる回数は四・九回**で、いう回数の約三分の二にとどまったといいます。

これは、本人は「ありがとう」といったつもりなのに、それが相手にうまく伝わっていないということを意味しています。

その結果、**多くの人が、日ごろ「ありがとう」をいう機会より、いわれる機会のほ**

うが少ないと感じているということです。

一日に「ありがとう」という回数が平均七・五回というのが、国際的に多いのか少ないのかはっきりとしませんが、少なくとも、日本人は感謝の気持ちを持って、いつもそれをきちんと口にするのが苦手なようです。

また、この調査は二〇一三年に行なわれたものですが、それから一〇年ほど経ったいま、新型コロナウイルスの流行や、それに伴う在宅ワークの普及などで、人が直接ふれあう機会が大幅に減少し、感謝の気持ちを口にする機会はますます減っているのではないでしょうか。

そもそも、文明が進むにつれて、人が感謝の行為を示す機会が減っていったのかもしれません。〝便利な日常〟をごく「あたりまえ」のこととして、感謝することもなく過ごしています。でも本当は、日常はあたりまえのものではありません。

たとえば大きな地震が起きて停電や断水が起きたりすると、たちまち困ってしまいます。そして電気や水がいかに大切で必要なものだったかを痛感し、それが復旧すると「ああ、よかった。ありがたい」と感謝するでしょう。

ところが、しばらく経つと、そんな思いなどすっかり忘れて、以前と同じように、〝何事もない日常〟があたりまえだと思うようになってしまうのです。

これは、人間は予期せぬ出来事に対して、心が過剰に反応しないように、自分にとって都合の悪い情報は無視したり、過小評価したりするという特性（正常性バイアス）を持っているからかもしれません。あれこれ心配ばかりしていると、ストレスで疲れ果ててしまうのを防ぐための機能です。

でも、そこでちょっと立ち止まって考えてみてほしいのです。**私たちのまわりにあふれているあたりまえは本当にあたりまえなのか、**と――。

電気があるのは発電所があり、そこに働いている人がいるおかげです。水道の蛇口からきれいな水が流れてくるのも、水道施設を維持し管理してくれる人たちが二四時間働いてくれているからです。

また、スーパーに行けば、野菜や肉など新鮮な食材がそろっていますが、それも生産者や流通業者ががんばってくれているからであり、バスや電車が時間どおりにやってくるのも、多くの人がそれぞれ責任を持って働いてくれているからにほかなりません。

そういう意味では、私たちがあたりまえだと思っている生活は、本当に多くの人々の存在があってこそ成り立っているものであり、この世の中にあたりまえのことなんてひとつもありません。

もっと極端なことをいえば、地球が存在しているのは、そもそも宇宙が存在していたからであり、その地球で人類がこれほど繁栄しているのは、地球が進化する過程でじつに多くの生物種が誕生し、それらの生物が共存しているからこそといえます。

つまり、私たちの存在はけっしてあたりまえのことではない……。偶然の産物ではなく、数えきれないほどの奇跡の上に成り立っているのです。

話が少し大きくなりすぎたかもしれませんが、そんなことを考えると、私たちは、けってひとりで生きているのではないということにあらためて気づかされますし、「小さなこと」への感謝の気持ちが湧いてくるのではないでしょうか。

そして、そんな感謝の気持ちをきちんと伝えるのが大切であることを忘れてはいけません。

アメリカの作家ウィリアム・アーサー・ウォードは、こういっています。

「感謝の気持ちを感じたのにそれを伝えないことは、プレゼントを包んだのにそれを渡さないようなものだ」

と。

本当に、そのとおりだと思います。

あたりまえのことをあたりまえと思わず、小さなことにも感謝できるかどうか。

そこが分かれ道です。

日本を代表する経営者であった稲盛和夫さんも次のように語っています（出典：稲盛和夫 OFFICIAL SITE）。

「人は自分一人では生きていけません。空気、水、食料、また家族や職場の人たち、さらには社会など、自分を取り巻くあらゆるものに支えられて生きているのです。

そう考えれば、自然に感謝の心が出てくるはずです。不幸続きであったり、不健康であったりする場合は『感謝をしなさい』と言われても、無理かもしれません。それでも生きていることに対して感謝することが大切です。

感謝の心が生まれてくれれば、自然と幸せが感じられるようになってきます。生かされていることに感謝し、幸せを感じる心によって、人生を豊かで潤いのあるものに変えていくことができるのです」

生かされていることに感謝し、幸せを感じる心によって、人生を豊かで潤いのあるものに変えていくことができる……。つまり、感謝があってはじめて本当の幸せが手に入れられるということです。

人生を好転させる
一番簡単な方法

「ありがとう」「こちらこそ」の魔法

「感謝することが大切」というと、何か特別なことのように考える人が多いようです。

でもじつは、**ちょっと意識するだけで、感謝すべきことは身のまわりにいくらでもあるもの**です。

ただ、それを見過ごしたり、忘れてしまったりしているだけです。


たとえば、コンビニで買い物をしたときに、店のスタッフさんに「ありがとう」のひとことを伝えているでしょうか。会社の部下や同僚に仕事を手伝ってもらったときに、きちんと感謝の気持ちを言葉にして伝えているでしょうか。

心のなかでは思っていても、口にしないまま、スルーしている人も多いのでは？

あるいは、「そんなの仕事なんだから、わざわざ口にするほどのことではない」なんて思っている人もいるかもしれません。

仮にそうだとしたら、なんとももったいない話だと、私は思います。

なぜなら、**感謝の言葉をいわれてイヤな思いを抱く人は存在しない**からです。たったひとこと、感謝の言葉を伝えるだけで、たくさんのものが手に入るのです。感謝しない手はないのです。

以前、私が利用していたクリーニング店でのこと。当時、時間に追われていた私は、あいさつもそこそこにいつも「〇日までにお願いします！」といった具合でした。少し余裕があったときに「いつもありがとうございます」と感謝の気持ちを伝えると、「こちらこそ、ありがとうございます。これからお仕事ですか？　いつもお忙しそうですが、がんばってください」と励ましのお言葉。この日は、駅までの道をとてもさわやかな気分で歩くことができました。

「ありがとう」「こちらこそありがとう」。ほんのちょっとした小さな感謝のやりとり

です。でも、それが心のありようをガラッと変えてくれるのです。

人は「ありがとう」といえば心がさわやかになりますし、「ありがとう」といわれれば、「ああ、喜んでくれた。よかったな」とうれしい気持ちになります。それと同時に、関係性が深まります。

そして、関係性がより深まれば、それが信頼感へとつながるでしょう。そればかりではありません。そうした関係が増えれば増えるほど、人生が好転していきます。

いま、仕事や人間関係がどうもうまくいっていない、という人は「小さな感謝」を増やすために努めるべきです。それがものごとを好転させる一番簡単な方法です。

「感謝脳」のつくり方

感謝はどんどん〝伝播〟する

感謝が感謝を生み、どんどん広がっていくと書きましたが、これは、**感謝する気持ちには、感謝を伝播《でんぱ》し、それをどんどん拡張・拡散させていこうとする特性があるか**らです。

そもそも、ある人が感謝するとき、その人は自分を取り巻く世界のなかで、「いいもの」や「ポジティブな側面」に意識を集中させています。

脳が積極的に、「いいもの」「ポジティブな側面」を探そうと一生懸命働いているのです。

そして、「いいもの」や「ポジティブな側面」を見つけると、それを感謝の気持ちへと昇華させますが、その結果として、大きな幸福感（満足感と心の安定）を得られます。

そればかりではありません。

さらに、感謝することを習慣にすれば、集中力が持続され、「いいもの」や「ポジティブな側面」の新たな発見が続き、ますます幸福感が高まっていきます。

感謝力の高い人の脳の中には、そんなサイクルが、しっかりとでき上がっているのです。

感謝がもたらす効果がすばらしいのは、その効果が個人にとどまらないことです。感謝は感謝する側と感謝される側の相互作用であり、まるで池に小石を投げ込んだときにできる波紋のようにまわりに広がっていきます。

これは聞いた話ですが、ある会場の女性用の化粧室でのこと。多くの人が列をなして待っている状態で、少しイライラする人もいるなか、順番が来た和服の女性が「お先に」とうしろの人にひとこと言葉をかけて進んだところ、次の人もその次の人も「お先に」といってから進むようになり、穏やかな雰囲気が漂ったというのです。

つまり、ひとりの人が発した感謝の気持ちによって、多くの人が感謝の気持ちを持てるようになり、その恩恵を享受することができるのです。

まさに**「感謝の力、おそるべし！」**です。

この**感謝する力を高めるには、感謝しようと意識するのではなく、「感謝という感情をつくり出そうと意識する」ことが重要**です。

「感謝という感情をつくり出そうとする意識」を身につけるためには、これまでも繰り返し述べてきたように、あたりまえだと思っている日常のあらゆることを見直して、感謝するべきことを見つける努力を続けることが求められます。

自分の脳のなかに感謝を見つけ、それを実際に言葉にしたり、感謝にもとづく行動に移したりするための〝動線〟をつくっていかなければなりません。

そのために、まず**一日一回は、今日の感謝を見つける**ようにしましょう。いい天気で気分がよかったとか、美味しいコーヒーが飲めたとか、会議でうまく発言できたとか、小さなことでいいのです。

それを繰り返すことで、感謝を見つける能力が高まります。

積極的に感謝を見つける。感謝できることを自らどんどん増やしていく。

それが、感謝によるパワー、エネルギーを活かして人生を好転させるための〝絶対ルール〟です。

いい明日をつくる
夜の習慣

「感謝日記」のすすめ

現代社会は、ストレスがいっぱいです。

みなさん、勉強に、仕事に、家事に忙しく、心に余裕がありません。

心に余裕がないと、感謝を忘れがちになってしまいます。

前項で、一日一回は、今日の感謝を見つけましょう、といいましたが、**毎日一分でいいから、夜、その日を振り返り、「今日の感謝」を見つけることを習慣にする**のをおすすめします。

「今日、あんなことがあってうれしかったな」

「そういえば、あの人のひとことで救われたわ」

「あの人のフォローで仕事がうまくいったよ」
……。

きっと「今日一日の小さな感謝」をいっぱい見つけることができるはずです。そしてそれを、あなたの心のなかの「感謝の気持ちを育てる花壇」に植えていくのです。続ければ、その花壇はさまざまな感謝の花でいっぱいになるはずです。

こうして「小さな感謝」を見つけることが習慣化できれば、マインドも変わり、前向きに行動しようというパワーが湧いてきます。

ただし、心のなかで感謝するだけではもったいない！

「今日の感謝日記」をつけるとより効果的です。夜、一日の終わりに振り返って、その日の出来事をメモします。

そして翌朝、一日のはじまりにそれを見返すのです。こうして、感謝する心、感謝する力を育てていくのです。

それと同時に、感謝を口にするように心がけ、それを実践することが大切です。

まずは身近な人に感謝を伝えることを習慣にしていきましょう。

たとえば家族に「ありがとう」といいましょう。最初は、ちょっと気恥ずかしいかもしれませんが、ちょっとだけ勇気をふりしぼっていってみる。「えっ」という顔をされるかもしれません。

でも、その「えっ」という顔はすぐにうれしそうな表情に変わるでしょう。そのうれしそうな表情が、あなたの気持ちをやさしく、さわやかに包み込んでくれます。

人生いろいろと苦しいこと、つらいこと、イヤなことがあるなかで、自分の心をコントロールするのはけっこう大変です。

心のコントロール法には、さまざまなメソッドやノウハウがありますが、私は、もっともシンプルかつもっとも効果的なのは、「感謝する」ことだと思っています。「感謝する」ことで得られる安らぎは、きっとあなたを支えてくれるはずです。

いますぐできる
感謝の増やし方

「すみません」を「ありがとう」に言い換えよう

日本人は、何かあるとすぐに「すみません」という言葉を口にします。電車で席を譲られたとき、「すみません」。エレベーターで「お先にどうぞ」といわれたとき、「すみません」。会社で書類を渡されたとき、「すみません」……。

外国人の多くは、そんな日本人を見て、「なぜ日本人は、あんなに謝ってばかりいるんだろう」と不思議に思うそうです。

でも、人に頭を下げるのはけっして悪いことではありませんし、「すみません」という言葉が、日本人の持つ「謙譲の心」の表れだと考えれば、世界に誇ってもいい文化です。コミュニケーションの潤滑油として捨てたものではないと思います。

そもそも「すみません」は、「済む」に打ち消しの「ぬ」をつけた、「済まぬ」の丁寧語で、大きく分けて、①謝罪、②依頼、③感謝の三つの意味を持っています。

たとえば、ビジネスシーンでちょっとした失敗をしたときなどには、「すみません」と謝罪するのが通例です。

ただし、気をつけなければなりません。大きな失敗をした場合には、「すみません」だけでは軽々しい感じに受け取られてしまいがちなので、使わないほうがいいとされています。

失敗の理由を明確にしたうえで、「申し訳ありません」とか「お詫び申し上げます」など、より深い謝罪の意を込めた言葉を使うべきだということです。

二つ目の使い方である「依頼の言葉」として使うのは、その人がやっていることを中断させるようなときや、何か手間のかかることを頼むときに使います。

たとえば、会社で仕事をしている上司や同僚、あるいは部下に対して話しかけるとき、まず「すみませんが……」と口にするようなケースです。相手の仕事を中断させることに対して、きちんと謝罪と感謝の気持ちを表明するのが礼儀だということです。

その場合も、相手の立場や状況に応じて「申し訳ありませんが……」とか、「恐縮ですが……」などと、言い換えたほうがいいことを忘れてはなりません。


そして三つ目の、感謝の意味で「すみません」を使うのは、相手が自分のために何かしてくれた場合です。

「あなたのしてくれたことに、自分の気持ちが済まないほど申し訳なく、感謝の気持ちを感じています」という意味合いで使われます。

ただし、その場合も、本当に心からの感謝の気持ちを伝えたいのであれば、きちんと「ありがとうございました。感謝いたします」と、はっきりと感謝の言葉を使うべきです。


あなたも今日から、電車で席を譲られたとき、エレベーターで「お先にどうぞ」といわれたとき、会社で書類を渡されたとき、「すみません」ではなく「ありがとう」

といってみませんか？

それだけで、感謝の言葉が増えていきます。

何かアドバイスしてもらったら、「アドバイスしていただいて、ありがとうございます」と口にしましょう。

ちょっとしょげていたとき、声をかけてもらったら「励ましていただいて、ありがとうございます」と口にしましょう。

それを繰り返しているうちに、あなたの「感謝力」はどんどん磨かれていきます。

中村天風の言葉

まずは身近な人への感謝から

感謝の習慣は、そうそう簡単に身につくものではありません。

そもそも、いまの世の中は、ただ生きるだけなら感謝する必要なんてほとんどなくなっています。まして追われるような日々を生きている現代人は、意識しないと、なかなか感謝の習慣を身につけることはできません。

そういう意味では、本当に感謝の習慣を身につけたいと思ったら、まずそれを意識することが大切ですが、意識するだけでは、自分を変えることはできません。日ごろの自分の行動から見直すことが必要となります。

たとえば、**「食事のときに必ず感謝の気持ちを込めながら手を合わせるようにする」**

とか、**「感謝日記をつけてみる」**、あるいは**「朝五分でいいから、自分が感謝しているシーンを思い浮かべながら瞑想する」**とか、**「一日一回は夫婦で『ありがとう』を言い合う」**など。なんでもいいのです。実践することに意味があり、価値があるのです。

「感謝は、まずは形から入って心に至る」ということであり、何より実践することが大切なのです。

まずは、**身近な人に感謝することを習慣にする**のです。たとえば、親子の関係を見直してみましょう。

この世に生を享けたのは親がいたからこそですし、手塩にかけて育ててもらったから、いまがあるのです。でも、それをすっかり忘れて、親の愛情を「あたりまえ」だと思うようになっていませんか?

一度は深く考えてください。きっと、「そうだ。あたりまえだと思っていたけれど、本当に親がいたからこそ、いまの自分があるんだ」と思いあたるシーンが、いくつもよみがえってくると思います。

それが、感謝の習慣を身につける原点です。結婚披露宴の席では、花嫁が親御様への感謝のお手紙を読むことが多いのですが、やはり感動的なシーンになりますし、親御様は感激でいっぱいになります。感謝の気持ちを表すのはなんて美しいのだと感じる時間です。

感謝探しの輪を、親ばかりではなく、兄弟姉妹、友人へと広げていきましょう。そうすれば、きっとたくさんの感謝が見つけられるはずです。

アメリカのメジャーリーグで大活躍している大谷翔平選手は、実業家で思想家だった中村天風（一八七六〜一九六八年）の著書を愛読しているそうですが、この章の終わりに、その中村天風の言葉を挙げておきましょう。

「感謝するに値するものがないのではない。感謝するに値するものを、気がつかないでいるのだ」

あたりまえに見えることも、すべて感謝するべきものばかりです。それを見逃してはいけないよ、ということでしょう。

2章

Small Gratitude

「喜ばれる存在」になる

幸せの相互作用の起こし方

人から求められる人の共通点

人が幸せを感じるかどうかの条件のひとつに**「自己肯定感」**が挙げられます。

この自己肯定感という言葉は、立命館大学名誉教授の高垣忠一郎《たかがきちゅういちろう》氏が一九九四年に提唱したものです。

高垣名誉教授は、子どもを対象にしたカウンセリングを通じて、「不登校・無気力・自殺などの根底には、自己・個・人格・生きる意欲の喪失化がある」としたうえで、「あるがままの自分を自分自身が受容する自己肯定感が重要である」と指摘しました。

自己肯定感とは、言葉を換えれば「自分の存在そのものを認め、好意的に受け止めることができる感覚」です。

自分が人と比べて、何を持っていて、何を持っていないか、あれこれ並べ立てて自分を評価するのではなく、そのままの自分を認める心が大切だということでしょう。

そして、**自己肯定感の高い人は、自分を尊重すると同時にまわりの人のことも尊重できる能力が高い**とされています。

ところが、日本人はこの自己肯定感が他国の人に比べて低いとされています。

少し古いデータですが、内閣府は、二〇一三年に日本・韓国・アメリカ・イギリス・ドイツ・フランス・スウェーデンの七カ国の満一三～二九歳の若者を対象とした意識調査を行なっています。

その結果、日本の若者のうち、「自分自身に満足している」と答えた者の割合は四五・八%にすぎませんでした。アメリカが八六%、イギリスが八三・一%、フランスが八二・七%、ドイツが八〇・九%、スウェーデンが七四・四%、韓国が七一・五%で、日本がもっとも低かったのです。

それは「自分に長所があるかどうか」についても同様でした。長所があるとした者は、アメリカが九三・一％、ドイツが九二・三％、フランスが九一・四％、イギリスが八九・六％、スウェーデンが七三・五％、韓国が七五％だったのに対し、日本は六八・九％にとどまりました。

国民性に違いがあるとしても、この結果はなんとも残念なものです。

私は、こうした現状を改善していくには、まず**「感謝し、感謝される」**ことからはじめるべきだと思っています。

まず、**自分を取り巻く環境を冷静に見つめ、恵まれていることを実感し、感謝すること。そうして自分がいま生きていられるのは、誰のおかげか、よく考えてみること。**

すると自然に感謝の気持ちが湧いてくるはずです。

そして、感謝の気持ちを口に出して伝える。感謝された人はうれしいし、幸せな気持ちになるものです。感謝されることで「報われた」という思いや「私はこの人に必要とされている」という思いが湧いてきて、自分の存在そのものが価値あるものに感じられるようになります。自己肯定感が高まっていくのです。

そして、**自分が感謝することで相手が喜んでくれた、幸せな気持ちになってくれたと感じると、自分自身も「ああ、自分がいて喜んでくれる人がいた」とうれしくなり、それが自己肯定感の高まりにつながっていく**という好循環が生まれます。

つまり、感謝することで幸せが生み出され、感謝されることで幸せが生み出される。「幸せの相互作用」が起こり、素敵な人間関係が築かれる、というわけです。

「サービス精神」のなせるわざ

“ちょっとおせっかい”な人の魅力

私は、**「サービス精神を発揮するということは、感謝の気持ちを表すための方法のひとつだ」**と考えています。

たとえば、お土産でもいいし、お誕生日やクリスマスでもいいのですが、何かプレゼントをするということは、「あなたのことを気にかけている。感謝している」という気持ちを伝える手段としてとても効果があるでしょう。

相手にとって、モノが残ると同時に、思い出としても残ります。モノを贈るときには、何を贈ったら喜んでもらえるのか、そのときのベストだと思われるモノを贈るべきです。通り一遍のモノでは相手の心を揺さぶることはできません。頭を悩ませ、相手のことを考えて選んだプレゼントは相手の印象に必ず残りますし、間違いなく喜んでもらえるはずです。

また、感謝を伝えるのはモノばかりではありません。

言葉や行動にもそんな力が備わっています。何か特別なことがあったからというのではなく、何気ない日常の会話のなかに、「いつも助けてもらって、本当にありがとう」と感謝の言葉を挟み込めば、いわれた人はうれしくなります。

このように、**損得を考えずにプレゼントしたり、感謝の気持ちを言葉にしたりする。**これは、ある意味では、感謝している人に対する無償のサービスだといえるかもしれません。それがむしろいざというときの助けにもなるのです。

世の中には、サービス精神にあふれた人がいます。

たとえば初対面の人が多くてみんながぎくしゃくしている会合の席などで、率先して、軽いジョークを交えた自己紹介をすることで、その場の緊張をやわらげようとしたりします。

あるいは、プロジェクトが行き詰まってみんなの顔が暗くなったとき、努めて明るい顔をして「さぁ、がんばろう！　みんなでやればなんとかなるよ」と声を出す人もいますし、困っている人がいたら「それ僕がやろうか」と積極的に手伝おうとする人もいるでしょう。そうした言動もサービス精神のなせるわざといえるでしょう。

本当の意味でサービス精神を持っている人には、心の底にまわりの人に対する敬意があり、そこから湧いてくる感謝の気持ちがあります。

みんなに感謝しているからこそ、みんなが喜んでくれたり、心を開いてくれたりすることが大好きで、**みんなを笑顔にするきっかけをいつも探っている**のです。

私が知っているホテルマンやブライダルスタッフのなかにも、そんな人が少なくありません。常に気配りを欠かさず、言葉遣いや立ち居振る舞いにも気をつけて、お客様が快適に過ごしていただけるように努力するのがあたりまえだと思っています。

また、そのためには陰でいろいろと気を使いつつ、努力もしています。それでも、お客様が笑顔になってくれれば、それを無上の喜びに感じますし、それが自分の仕事に誇りを持つ原動力となっています。

あなたも、そんなサービス精神に富んだ人になりたいと思ったら、相手がどんなことをしたら喜んでくれるかと考えたり、相手の立場に立って考えたりする習慣を身につけることです。

そのためには、**「人間に興味を持ち、人とのふれあいを楽しむ」**という気持ちを持つといいでしょう。

人に対して無関心であることが一番むなしいことだと思います。人とのふれあいは、心を潤してくれます。ちょっと余計なことかな、と思っても遠慮しすぎずにアクションを起こしましょう。

たとえば、困っている後輩に「大丈夫？」と声をかけたり、食事に誘ったり。最初は怪訝《けげん》そうな顔をされるかもしれませんが、気にする必要はありません。続けていけば、心が通うようになるはずです。

〝ちょっとおせっかいな人〟になったっていいではありませんか。それで、人との関係が楽しくなり、楽しい毎日が送れるようになるのなら。

まわりの人が自然に受け入れられるように〝スマートなおせっかい〟ができるようになれば、「あの人がいると気がラク」とか、「いっしょにいると元気になれる」「あの人がいるといつも場を盛り上げてくれる」なんて思われるようになります。

それがいつの間にか、かけがえのない魅力となり、慕われるようになっていくものです。

『レ・ミゼラブル』の著者として知られるフランスの小説家ヴィクトル・ユーゴーは、こんな言葉を残しています。

「感謝の気持ちには翼があり、正しい目的地まで飛んでいく」

サービス精神旺盛な人たちの人生は、その言葉どおり、充実したものになっていくのではないでしょうか。

与える人は
与えられる人

「サービス精神」は自分に返ってくる

前述したように、サービス精神旺盛な人は、ときとして、自分が少々損をしても相手のために動こうとします。

そういう人は、「**自分がちょっとくらい犠牲になっても、まわりにいい結果が与えられるのなら、それでいいじゃないか**」と思っているのです。

でも、犠牲になって損するばかりではありません。それを上回る恩恵を得ることだってあります。

苦労をいとわず、相手のために行動する人は、まわりの人から「あの人は人柄がよくて、思いやりにあふれた人だ」と好印象を持たれるからです。

当然、そんな人に対してむやみに警戒心を抱く人なんていないでしょうし、**警戒心を抱かせない相手に対してはみな本音で接する**ようになります。

その結果、両者の関係はますます近づき、「ああ、あの人と出会えてよかった」「またあの人に会いたい」と思われるようになるのです。

こうした人間関係がいかに人生を充実させ、いざというときの助けになるかは、あらためていうまでもないことです。

サービス精神は自分に返ってくるのです。

ただし、そのサービス精神に損得勘定が潜んでいたら、たちまち見抜かれてしまいます。とくに組織のなかにおける人間関係では注意が必要です。

たとえばある人が、自分にとって大切なポジションについているときには、おべっかを使ったり、「ついていきます」という姿勢を示していたりしたのに、その人が異動したとたんにそっぽを向く人もいます。

どんな人間であれ、多かれ少なかれそういうことをやりながら生きているのかもしれませんが、あまりにも露骨にそのような行動をしている人を見ると、不愉快になります。

あるいは、とにかくお金になる仕事にだけ飛びつくとか、常に報酬を求めるという人も少なからず見受けられます。

「いまの時代、そうじゃないと生きていけない」という人もいますが、やはり、お金だけじゃなくて、声をかけてもらったら、自分ができることなら「でき得る限り尽くす」という姿勢を持ち続けたいものです。

もちろん、打算や損得勘定は誰にも多少はあるものです。それがまったくない聖人君子なんて、この世に存在しないかもしれません。

また、現実社会、とくにビジネスシーンでは、損得勘定を考えて行動しなければいけないときもあるでしょう。でも、それに〝支配〟されてしまったら終わりです。なぜなら、**邪《よこしま》な下心や私利私欲の気持ちを隠しきることはできない**からです。

最初のうちはなんとか取り繕っていても、どうしても言動に無理が生じてしまいます。そしてやがて、化けの皮がはがれ、「ああ、この人は何か見返りが欲しくて近づいているんだな」と見透かされてしまいます。

そしてその瞬間、相手は悪印象を抱き、サッと離れていくのが世の常です。そればかりではありません。

最悪の場合、「あの人は信用できない」という風評が立ってしまうかもしれません。「喜ばれる存在になる」どころの話ではありません。

そんな失敗をしないためには、行きすぎた損得勘定をやめることです。

誰にでも敬意を払い、感謝の気持ちを持って、公平、平等に接することです。

好感度、信頼度を上げるコツ

「あの人、いいよね」といわれる人になる

サービス精神とは何か――。

これを考えるとき、まず思い浮かぶのは、「人のために何かしてあげたい」という気持ちを持っているかどうかということですが、これまでにも書いてきたように、**誰かのために行動することの原点には「感謝」の気持ちが存在しています。**

感謝の気持ちがあるからこそ、何かあれば手伝ってあげたいと思うし、それを行動に移すこともできるのです。

そして、**人のために何かやってあげたいと思っている人は好かれます。まわりには、自然と人が集まり、輪が広がっていく**のです。

その輪は、プライベートな関係だけでなく、趣味の世界やビジネスの世界にも及びます。それだけ自分の世界が大きく広がり、人生はより豊かなものになっていくでしょう。

また、感謝の気持ちからは人を喜ばせたいという気持ちも生まれます。たとえば感謝している人に対しては、何かプレゼントしたいなんて気持ちが自然と湧くものです。それは、相手の歓心を買おうという気持ちからではありません。相手の喜ぶ顔が見たいからです。

そういう気持ちはとても素敵だし、相手が喜んでくれることで自分自身の幸福感もスケールアップするでしょう。

さらにサービス精神を持っている人は、「あの人ならなんでも相談できる」と頼りにされます。

言い換えれば、「あの人は信頼できる」と評価されるということです。「いや、別に私はそんなたいそうな人間じゃないけど……」というかもしれませんが、自然とそうなるのですからしかたがありません。

ときには、みんなから頼られて大変な思いをすることもあるかもしれませんが、**「あの人、いいよね」という情報は人から人へと伝言ゲームで伝わりますので、評価は雪だるま式に大きくなり、人脈もどんどん広がっていきます。**

そんな評価や人脈は、その人の人生において貴重な財産となります。たとえばビジネスシーンで知恵を出してくれたり、顧客になってもらえたりすることだってあるでしょう。

また、いざ何か困ったことがあったときには、助けてくれる人がきっと現れるはずです。

感謝から生まれるサービス精神は、人生に大きなメリットを与えてくれるのです。

「言葉にする」のが大事

「いわなくたってわかるはず」はNG

精神科医だった斎藤茂太先生は、

「素敵な夫婦関係の決め手は、〝ありがとう〟のたったひとことだ」

という言葉を残しています。

たしかに夫婦はもっとも身近な関係ですが、もとはといえば他人です。「いわなくたってわかっている」と思っていても、じつは相手に伝わっていないことは少なくありません。

そして小さなすれ違いを繰り返しているうちに、二人の関係にヒビが入り、破綻《はたん》してしまうことだってあります。

だからこそ、夫婦であってもきちんと言葉にする、そのなかでも感謝の思いを伝え合うことが大切なのです。

たとえば、ゴミ出しをしてくれたら、お風呂掃除をしてくれたら、食事の準備をしてくれたら、「ありがとう」といいましょう。必ず、です。「小さな感謝」こそ、それをきちんと言葉にすることが大切です。

「ありがとう」というのが気恥ずかしいのなら、「お疲れさま」でもいいでしょう。そんなねぎらいの言葉でも、いわれたほうは「わかってくれている!!」とうれしくなるもの。二人の関係の潤滑油になってくれます。

それに加えて、**「褒め合う」ことも大切**です。

長年いっしょに暮らしているうちに、欠点ばかりが見えてきて、いいところを見つける努力を怠りがちになります。

でも、勇気を出してパートナーのことを褒めてみてください。たとえば、「君はいつも明るくて楽しいよ」とか「あなたの計画的なところが助かるわ」といったように、部分的なことなら意外と口にしやすいでしょう。

「そんなことといったら、びっくりさせてしまうよ」という人もいます。たしかに、突然そんなことをいわれたパートナーは目を丸くするかもしれませんが、それを繰り返しているうちに、関係が劇的によくなることは間違いありませんし、気がつけば、「ありがとう」も自然と口をついて出るようになるはずです。

自分のいいところを認めて感謝してくれる存在がすぐ近くにいる。そんなにありがたいこと、うれしいこと、心強いことはありません。

ぜひ、身近な人に思いを伝えてください。

「ありがとう」のシャワーを浴びる

〝本物のホスピタリティ〟とは？

私は毎週のように、結婚披露宴の司会の仕事をしています。

結婚式・披露宴はとても華やかな場ではありますが、多くの人にとって、一生のうちで最大ともいえる大きなセレモニー。失敗は許されませんし、結婚する新郎新婦や両家の思いを汲《く》んでそれを具現化するには、かなりの苦労もあります。


それでも私は、この仕事を辞めたいとは一度も思ったことがありません。司会をはじめて三〇年近くが経ちますが、毎週ワクワクしながら仕事に臨んでいます。

それはどうしてか。

何が私をそうさせるのか。

それを考えたときに、答えはひとつです。

お客様に感謝していただけるからです。

「あなたに司会をしてもらってよかった！」と、**「ありがとう」という言葉のシャワーを浴びることができる**からです。報酬をいただいているのはこちらなのに。こんなに幸せなことはありません。

この感謝の言葉が私の大きな励みになっています。私に生きる活力をもたらしてくれています。


ですから、毎回、「こちらこそありがとうございます」という思いで仕事をしています。お二人のためなら、ご両家のためなら、できる限りのことをさせていただきたいという一心で、マイクを持っています。

私ができることなんてささいなことです。でも同じような思いを共有しているスタッフといっしょに力を合わせれば、お二人のイメージに限りなく近い結婚式・披露宴をつくり出すことができるのです。そういう意味では、ともに働くスタッフにも日々感謝の気持ちを持ちながら、仕事をしています。

専門学校において講師をつとめていたときには、学生たちからもパワーをもらいました。

卒業シーズンを迎えると、至らない私に「先生のおかげで卒業できます」なんてあたたかい言葉をかけてくれた教え子たち。私のほうこそ、みんなに出会えたことに感謝だと心のなかで叫んでいたものです。もちろん言葉にもして伝えましたが。

人からこんなに感謝の言葉を伝えてもらえる仕事に携われている。

私はこのことに深く感謝し、これからも本物のホスピタリティマインドを身につけるべく研鑽《けんさん》を積んでいきたいと思っています。

パン屋の素敵な
店員さんの話

喜んでもらえることに喜びを

軽井沢に評判のパン屋さんがあります。

たしかにその店のパンはとても美味しいのですが、そこの女性のスタッフさんが可愛らしくて素敵なのです。

お店に行くと、彼女はいつも「今日はこれが焼きたてですよ」とか、「もう少しすると、こういうパンが出てきます」と教えてくれます。

おそらく彼女自身、そのお店のパンが大好きなのでしょう。そして、「みんなにも美味しいパンを食べてほしい」と心から思っているのでしょう。

その思いには、見返りを求める気持ちなんてさらさら感じられません。彼女の笑顔を見ていると、心から美味しいパンを食べてほしいと思っているようです。

そして、そんな気持ちがストレートに伝わってくるからこそ、「この子がすすめてくれるパンだったら、美味しいに違いない」と思いますし、実際食べてみても、美味しいパンがさらに美味しく感じられるのです。

私は、そんな彼女は、きっと**「喜んでもらえることに喜びを感じられる人」**なのだと思いますし、そんな生き方こそが幸福を運んできてくれると思います。

人は、誰かに何かをしてあげたとき、その人が笑顔を浮かべてくれるとうれしさを感じます。

また、感謝されることで自分が人の役に立ったことを実感すると、さらに大きな喜びを感じます。それこそ、喜んでもらえることに喜びを感じるのです。

これは、人間だけが持つ本能的な感情なのかもしれません。

人間はひとりではけっして生きていくことのできない生き物です。文明社会を築き上げるまで、人類は自然の脅威や、いつ襲ってくるかもしれない外敵に脅えながら生きていました。

それに対して人間は、ほかの生物には見られない、喜んでもらえることに喜びを感じるという本能を発達させてきました。それが、人間に「感謝」というたぐいまれな感情を持つことを宿命づけたのです。

残念なのは、そんな人間が便利な文明生活を送るなかで、感謝をついつい忘れがちになっていること……。

なんとももったいない話だと思いませんか？

キケロは
こういっている

「感謝は、すべての徳の源である」

『図解　強運の法則』（本田健著／ＰＨＰ研究所）によると、共和政ローマ末期の哲学者であるキケロは、

「感謝は最大の徳であるだけでなく、すべての徳の源である」

と語ったといいます。

徳とは、精神の修養によってその身に得たすぐれた品性のこと、あるいは生まれつき備わった能力・性質（天性）を意味しますが、とくにたくさんの人から慕われているような人は「人徳がある」と表現され、一目置かれる存在とされています。

では、どんな人が、徳があると称されているのでしょうか。

たとえば、**「思いやりのある人」**が代表格です。

けっして自己中心的にふるまうのではなく、まわりの人の気持ちを思いやることができる人です。そんな人はたいてい、まわりの人にちょっとした気遣いの言葉をかけたり、何かあると自然に手助けをしたりするなど、利他的に行動します。

その結果、周囲の人は**「この人は自分のことを大切にしてくれる」**と思いますし、**「この人のそばにいると心地いい」**と感じると同時に、**「この人の役に立ちたい」**と思うようになります。

あなたが、リーダー的な立場にいるのだとしたら、ぜひ、部下たちに、若い人たちにやさしい言葉、思いやりのある言葉をたくさんかけてあげてください。あなたが昔、そうしてもらったように。

また、**徳のある人はポジティブで、ネガティブな感情を人に対してぶつけることがない**のです。まわりの人を心地よく、明るい気分にすることが自分自身の喜びにつながることを知っています。

さらに自分のことを客観視できており、状況や立場に応じた行動を取れますし、自分の気持ちを伝える際にも、相手を不愉快にしない適切な言い方ができます。ですから**「徳のある人にはリーダーの素質がある」**といわれています。

つまり、人は徳を積めば積むほど、自分の人生の幅を大きく広げることができるということです。

そして、前述したように、キケロは、そうした徳のなかでも、重要なキーワードとして「感謝」を挙げています。

あなたも、たくさんの感謝を胸に、徳を積んでみてはいかがでしょうか。きっと、いまとは違った未来が見えてくるはずです。

成功する人の
「人に導かれる力」

「ご縁」に感謝すると幸せになれる

「ご縁を大事にする」ことは、じつは社会人として上手に生きていく〝スキル〟として忘れてはならない大切なことのひとつだと思います。

そもそも人は、なんの問題もなく、平穏な日々が続いているときには、なかなかご縁を感じることはありません。

平穏な日々は、多くの人に支えられ、ご縁でつながっているからこそ成り立っているものですが、ご縁は、見ようとしないと見えないもの。だから、私たちは、なかなかその存在に気づけませんし、実感できません。

そんな私たちがご縁を感じるのは、何か思いがけないことが起きたときや、思いどおりにいかないことがあったときでしょう。

たとえば、失恋して落ち込んでいたときに親友がひたすら話を聞いてくれたとき。仕事が行き詰まっていたときに同僚がさりげなくサポートしてくれたとき。あるいは人生の岐路に立ったときに恩師が進むべき道を指し示してくれたとき。そんなときに、ふと「ご縁」というものを感じるのです。

それは、「自分がけっしてひとりで生きているのではなく、多くの人の支えやつながりによって生かされていることを実感したとき」と言い換えてもいいでしょう。

あるお坊さんは、こんなふうにお話しになっています。

「思いどおりにならない苦しみのなかにある方は、解決できることと解決できないことを分け、解決できることには解決に向けた努力・対応をし、解決できないことは握りしめるのをやめ、手放してなりゆきに任せ、周囲に感謝する思いを深めていくのが大切です」

と。

ついつい忘れがちな人とのご縁……。それを忘れないためには、「自分がいまここにいるのは、さまざまなご縁が整い、生かされているからだ」ということを繰り返し、心に刻んでいくことが必要なのかもしれません。

そうして感謝の思いを深くして、その力をまわりの人の幸せのために使いながら、一生懸命生きていければ、そんな素敵な人生はないと思います。

また、**ご縁を感じる人からは、不思議といろいろな形で実利的な恩恵を受ける**ものです。たとえば、その人からの紹介で人脈が築けることもありますし、仕事の輪が広がることも少なくありません。

私自身、ご縁を大切に生きてきました。会社員を辞めて、話す仕事をしたいと思ったとき、すぐには収入にはならないだろうからと受付業務の仕事を紹介してくれたのは、入社後たった数か月だけいっしょに仕事をした先輩でした。

また、司会の仕事をはじめるようになったのは、当時通っていたアナウンススクールで知り合った友人が、所属していたプロダクションのオーディションを受けるように声をかけてくれたおかげです。

そのほかにも、多くのご縁に恵まれ、まさに人に導かれて歩んできた人生なのです。そんなご縁を忘れたり、自ら切ってしまったりするなんてもったいない話です。

たしかに、ずっとご縁をつないでいくのは意外に難しいことだと思います。連絡しようと思いながら、ついつい忘れてしまうこともありますし、きっかけが見つけられないまま連絡を取るのが間遠くなって、いつの間にか疎遠になってしまうことも少なくありません。

でも、**ご縁と感謝の気持ちを感じている相手とは、多少時間が経っても関係を復活させることが可能**です。私自身、三〇〜四〇年ほど音信不通だったのに、ちょっとしたきっかけでまた連絡を取り合うようになった何人もの友人や恩師がいます。

ふと、誰かとのご縁を思い出したときに、アクションを起こす。そうすれば、ご縁をつないでいくことができると思います。

ご縁は感謝を忘れない限り永遠に続いていくものなのです。

3章

Small Gratitude

仕事ができる人の「感謝力」

人望がある人、人望がない人

「お疲れさま＋ありがとう」で仕事がうまくいく

ビジネスシーンにおいても感謝の言葉は大切です。

なぜなら、**感謝の言葉をしっかり口にできるかできないかで、周囲の人があなたに向ける評価が大きく変わってくる**からです。

たとえば企業においては、部下は上司の指示で動くのが基本です。そもそも自分ひとりですべてを切り盛りしている個人事業主なら話は別かもしれませんが、企業における仕事は、多くのスタッフとの協業のうえに成り立っており、どんなプロジェクトであれ、上司からの指示がないまま、部下が勝手に仕事を進めることは、ほとんどあり得ません。

つまり、**どんなに能力がある人でも、部下や同僚の協力がないと仕事は成り立たないのですから、仕事をするうえで、常に意識のなかに、仲間に対する感謝の念を持っていなければ成功は望むべくもない**のです。

にもかかわらず、なかにはどうしてもそれができない人（仲間への感謝の念を持てない人）がいます。

そして、何人か部下を抱えるようになったとたんに、「俺は部下に仕事を与えてやっている、面倒をみてやっている」と思い込む人が出てくるのです。

それは日ごろの態度に必ず出ます。部下に対して傲慢な態度で接し、プロジェクトがうまくいっても、それを当然のこととして、「ありがとう」のひとこともいえないのです。

でも、そこで厳しい評価が下されます。そんな上司についていく人はいないでしょう。あくまで仕事だから表面的に従うことはあっても、意気に感じて積極的に動いてくれたりはしません。

つまり、**感謝の言葉を口にできない人は、けっして〝人望＝評価〟を得られません。そういう人間は、厳しい言い方をしますが、やがて淘汰《とうた》され、消えていく**のです。

逆に、仲間に感謝の気持ちをきちんと言葉にして伝えられる人は、それだけでまわりからの人望を集め、徐々に評価を高めていきます。

組織のなかでは、仕事の能力ばかりで評価が決まるわけではありません。むしろ、上に行けば行くほど、「感謝」をベースにした人望力のほうが重視されることが多いのが現実です。

そうしたことを考えると、「みんながいてくれるから自分の存在がある」という事実をしっかりと自覚したうえで、感謝することをけっして忘れてはいけないということになります。

私事ですが、私は司会の仕事をしており、プロダクションも経営していますので、所属する司会者に仕事の依頼をしています。仕事が終わったという報告があった際には、必ず**「お疲れさまでした。ありがとうございました」**というようにしています。

「お疲れさまだけでは足りない」と思っているからです。

「感謝の言葉も添えないと、自分の本心は伝わらない」と思っているからです。

私にできることは「お疲れさまでした」に加え、「ありがとうございました」と、心を込めたひとことを添えることくらいです。

でも、そのひとことで私の思いが伝わり、次に仕事を頼んだときにも喜んで引き受けてくれたらうれしいし、ありがたいのです。

実際、私は、そんな関係をたくさん築くことで、おかげさまでプロの司会者として仕事を続けてこられたのだと自負しています。

あなたも、「ありがとう」で、もっと信頼の輪を広げていきませんか?

「凡事徹底」がチャンスを引き寄せる

感謝の気持ちを表すにはいろいろな方法があります。

何かお世話になったときに、感謝の思いを込めたお礼の手紙を書くのもいいでしょう。手紙では大げさだと思えば、メールやSNSでメッセージを送ってもいいと思います。

また、それこそ本当に助けてもらったときは、感謝の気持ちをきちんと形にして、お礼の品を贈ってもいいでしょう。

でも、それよりもいいのは、ここまで書いてきたように、感謝の気持ちをきちんと言葉にして伝えることです。私は、それが基本であり、繰り返しますが、**「小さな感**

謝の積み重ね」が何より大切だと思っています。

私は、司会の仕事でいろいろな会場に出かけますが、どこに行っても、クロークやバックヤードで仕事をしている方々にも、努めて「ありがとうございます」というように心がけてきましたし、いまも心がけています。

司会の仕事とは直接関係していないとしても、いっしょに会場で仕事をしている大切な仲間だと思っているからです。

そして、そんな人たちから思いもかけない大きな仕事をいただいたことは一度や二度ではありません。

ホテルのバックヤードで、トイレの掃除をしていた高齢の女性スタッフさんに「いつも、きれいにしてくださって、ありがとうございます」とごあいさつして以来、言葉を交わすようになっていたのですが、じつはなかなかのキャリアの持ち主で、その後、その人のプッシュで仕事をいただいたこともあります。

そんな体験もあって、私は、つくづく「小さな感謝の積み重ねを大切にするべきだ」と思っています。

「凡事《ぼんじ》徹底《てってい》」という言葉がありますが、なんでもないようなあたりまえのことを徹底的に行なうことを意味し、私は感謝するというのはまさにそうあるべきだと思っています。

そもそも感謝とは、自分を振り返り、いかにたくさんの人の存在のうえに成り立っているかを自覚することから生まれる〝あたりまえの感情〟であることは、これまで書いてきたとおりです。

そのあたりまえのことを、日々徹底して、言葉にしたり、行動にしたりして示していくことが大切なのではないでしょうか。

残念なのは、見せかけの感謝の言葉を口にすることです。心のこもっていない「ありがとう」は誰の心にも響きません。

たとえば、上司に対しては忠実ぶりを発揮するくせに部下に対しては横柄な人、あるいは社会的地位のある人にはひたすらおもねるくせに、そうでない人は歯牙《しが》にもかけない人の「ありがとう」をあなたは信じることができますか？

信じられないと思います。**表情、態度、話しぶり……見せかけの「ありがとう」は必ず見透かされます。**

感謝の気持ちの根底にあるのは、相手への敬意、リスペクトする心です。上下関係にとらわれず、性別や年齢に関係なく接すること、その姿勢が大切です。**人生を好転させたかったら、なんでもないような小さな感謝を凡事徹底し、積み重ねていくべきなのです。**

それを実践している人のまわりには〝信頼の輪〟が広がっていきます。

そして、その信頼の輪はさまざまなチャンスを引き寄せてくれるでしょう。

だから、この人は
応援される

「おかげさま」のひとことを忘れない

感謝の気持ちを伝える際のパワーのある言葉として、**「おかげさま」**を挙げたいと思います。

「おかげさま」は、他人から受けた助力や親切に対して感謝の気持ちを表す言葉です。

漢字で書くと、「お陰様」ですが、「陰」とは、神仏などの偉大な存在を示しており、「神仏の陰の下で庇護《ひご》を受ける」ことに、敬称（様）をつけて「おかげさま」となったようです。

つまり本来は、利益や成功があったときに「神仏から恩恵を受けた」という意味で使用されていた言葉なのです。

日本人は古くから、この「おかげさまで」という言葉を日常的に使ってきました。いまでも地方に行けば、たとえば道ですれ違ったときなどに「おかげさまで暖かくなってよかったですね」などと会話しているのをよく耳にします。

暖かくなるかどうかは気象現象にすぎないのですから、別にありがたがることはないはずですが、自然に対しても感謝しているのです。

これは、四季に恵まれた島国の自然とうまく調和して生きてきた日本人の特質だと思いますし、このように森羅万象に感謝の念を抱けるのは、日本人の美徳ともいえるでしょう。

この「おかげさま」（感謝を表す言葉）を英語にすれば「thank」、ドイツ語にすれば「danke」、フランス語にすれば「merci」になります。

ちなみに、「thank」は英語の「think」（考える・思う）に由来しているもので、「danke」も同様に、ドイツ語の「denken」（考える・思う）に由来しているそうです。そういう意味では、まず〝人ありきの言葉〟といっていいでしょう。

おもしろいのはフランス語の「merci」です。これは、ラテン語の「merces」が語源だそうですが、本来は「報酬」という意味だったとか。それが中世になって神からもらう「恵み・慈悲」を意味するようになり、転じて感謝を表すようになったものだそうです。「おかげさま」と比べると、もともとはずいぶん実利的な意味合いの強い言葉だったようです。

「thank」「danke」「merci」など、世界各国に感謝の言葉はありますが、私には、「おかげさまで」という言葉には、明らかに〝相手に対するより謙虚な気持ち〟が込められているように感じます。

それはさておき、この「おかげさま」という言葉は、日本ではいまも生きていくうえで便利なコミュニケーションツールのひとつとなっており、ビジネスシーンでもよく使われています。たとえば、何かのプロジェクトが終わったときの報告に、**「おかげさまで、無事にプロジェクトを終えることができました」と、「おかげさま」とひとこと添えるだけで、相手に感謝の思いを伝えることができます。**

さらに「ありがとうございました」を添えて、「おかげさまで、無事プロジェクトを終えることができました。ありがとうございました」とすれば、感謝の思いを伝える文書としては完璧でしょう。

仮に、「無事にプロジェクトを終えることができました」という事務的な連絡を受けた場合、相手は、ただ「そうか、終わったんだな」と事実を認識するだけに終わってしまうでしょう。

しかし、「おかげさま」を添えた文書を受け取った人は、感謝されていることに満足感を覚えますし、自分が好意を抱かれていることを認識します。

自分に好意を持ってくれる相手に対し、自分も好意を抱くのはいうまでもありません。逆にいえば、**きちんと感謝の思いが伝わってこそ、相手もシンパシー（共感）を感じ、「これからも応援してあげよう」と思うようになります。**

だから、「おかげさま」が大切なのです。

いま「ある」ものに
目を向ける

「ないものねだり」は感謝の敵

感謝する心を養い、幸せを手に入れるには、「ないものねだり」をしないことです。

「隣の芝生は青く見える」といいますが、人は、ほかの人が持っていたり備えていたりするものが、自分が持ったり備えたりしているものより、よく見えてしまうものなのです。

そしてそのあげく、あれこれと「ないもの」を数え上げ、「あの人はいいな。私が持っていないものを持っている」「自分もあんな幸運に巡り合わないかな」などと、ないものねだりをしてしまいます。

この「ないものねだり」は人間の本能に根ざしたものです。自分にできないことを他人ができると、たちまちうらやましくなりますし、自分が持っていないものを他人が持っていると欲しくなります。そしてメラメラと嫉妬の感情が燃え上がってきます。

アメリカの心理学者マズローは、人間の欲求を次の五段階で説明しています。

①生理的欲求：生命を維持するため必要な「食べる」「寝る」という欲求
②安全の欲求：安全な場所で暮らしたいという欲求
③社会的欲求：集団や家族をつくり、どこかに所属したいという欲求
④承認欲求：他者から存在価値を認められたいという欲求
⑤自己実現の欲求：能力や可能性を発揮したいという欲求

この五つの欲求のうち、「生理的欲求」と「安全の欲求」は、人間以外の動物にも見られるものです。ある意味、生物が生き延びていくうえで必要不可欠な欲求で、欲求の下位に位置づけられます。

しかし、動物は進化するにつれて「社会的欲求」も持つようになり、さらに人間（一部の霊長類をふくむ）は、「承認欲求」や「自己実現の欲求」まで持つようになったのです。

でもそれはけっして悪いことではありません。人間がここまで文明を築き上げてきたのは、そんな欲求を満たそうと必死でがんばってきた結果だからです。

でもその一方で、人間はやっかいなことに、嫉妬に苦しむことになりました。いうまでもないことですが、人間には能力の違いもあれば、その能力には差がありますし、組織のなかにはポジションがあり、求められることも違ってきます。

そもそも、個人にできることなんて限りがありますし、それぞれの人には、できることがあればできないこともあるものです。そうしたことを理解して、自分の立ち位置に納得していれば問題ありません。

しかし、人間は往々にして、「すべての面で人より優位に立ち、承認されたい。それこそ、自己実現だ」と考え、「自分はなんでもできる」とか「○○にできて自分にできないことはない」と思ってしまいます。

でもそれは、とうてい手の届かない目標に向かってあがき続けるようなものですし、醜いエゴにすぎません。

利己主義に走ると感謝を忘れ、生きづらさだけが残ります。

だから、「ないものねだり」なんてキッパリとやめてしまうことです。


そして、**自分に「ある」ものにしっかり目を向け、人と比べるのではなく、いまの自分、いまの状況に感謝すべき**です。

どんな人でも、自分に誇れることが何かあるはず。必ずあります。まずそれを書き出してみることです。

・体力には自信がある
・文章を書くのが得意だ
・何事も淡々とやり続けることができる

・行動力だけは人に負けない
・人の話を聞くのが上手だ

最初のうちは、なかなか思い浮かばないかもしれません。そんなときには、**自分が褒められたときのことを思い出したり、家族や友人に聞いてみたりするのもいい**でしょう。意外と他人のほうがわかっていたりするものです。

それを何度か繰り返しているうちに、だんだんと自分の得意分野や苦手分野がしっかりと見えてくるし、見えてきたら、「自分にあるもの」をどんどん伸ばしていけばいいのです。

そうすれば、もう「ないものねだり」をして苦しむ必要はありませんし、ついつい見逃していた〝感謝の芽〟を見つけることができるようになるはずです。

そのプライドが
感謝の邪魔をする

「完璧主義者」がわかっていないこと

これまでの経験からいうと、**「ありがとう」といえない人には、ものごとを厳格に考える、いわゆる完璧主義者が多い**ように感じます。

そういう人は正義感が強い一方で、なかなか人を許すことができなくて、コミュニティのなかで孤立しがちですし、自分に対しても厳しくて、見ていても、生きることが下手というか、生きづらそうに見えてなりません。

また、**「ありがとう」といえない人は、プライドが非常に高く、へんに負けず嫌いな人が多い**ようです。

そんな人は、自分を必要以上に高く評価していて、常に現状に満足することなく、

「いや、私はまだまだだ」と常に上を目指そうとします。なかには、「私はこういうところにいるべき人間ではない」なんて、まわりの人を見下したような言い方をする人もいます。

こういう人は、野心が強いといってもいいでしょう。

でもその結果、周囲の人から「自分の分をわきまえていない」と冷ややかな目で見られることになってしまいます。

そんな生き方はどうなんでしょうか。

どう考えても窮屈でしかたがないでしょう。何事もほどほどが大切です。まあ、自分に対してはほどほどに厳しいほうがいいでしょうが、周囲の人に対しては寛容であるべきでしょう。

そういう意味で、私は**「減点主義の発想より、加点主義の発想で世の中を見たほうがいい」**と思っています。

「あの人のこんなところがダメだ」とか「うちの会社はこんなところがダメだ」など

と、自分が気に入らないことを並べ立てるばかりでは感謝の気持ちが湧いてくることなんてありませんし、自分自身、恨み・つらみがどんどん積み重なってつらくなるばかりでしょう。

それより、「あの人にはこんないいところがある」とか、「うちの会社には、こんないいところがある」と、**いいところを数える加点主義で生きたほうがよほど生きやすくなりますし、「感謝力」が磨かれる**と思います。

忙しいときこそ
感謝力が試される

「素直に謝る」のも感謝のひとつ

感謝の習慣が身につくと、「今日もこんないいことがあった。よかったな！」と、ものごとをポジティブに見られるようになります。

「いいこと」といっても、けっして大きなことではありません。

たとえば通勤時、「今日は電車が空いていて座ることができた」なんて、本当にささいなことでも「ラッキーだった」と感じられるようになります。あるいは、降りる一つ前の駅で、前の席に座っていた人がちょうど降りていって自分が座れたとき、「一駅しか座れなかった」ではなく、「一駅でも座れた」と思えるようになります。

また、会社に着くまでの道すがら、満開の桜や色づく木の葉、季節の花々にも感謝できるでしょう。

「そんなの、たいしたことじゃない」と思うかもしれません。でもそんなささいなことをきっかけにした発想の転換が、気持ちをポジティブにしてくれますし、さらに、そのポジティブな気持ちが心の余裕を生み出し、ちょっとしたストレスになんかへこたれない自分をつくってくれます。

「仕事に追われたり、何かに切羽詰まったりしているときに、心に余裕を持つことなんてできないよ」という人もいるでしょう。

たしかに忙しさのなかではついつい感謝の気持ちどころではなくなってしまいがちです。でも、**忙しいときこそ、「感謝力」が試されているのです。「それでも」感謝できる人なのかどうかを。**

そのためにも、意識して、ささいなことに感謝する心の余裕を持つよう努めましょう。その積み重ねが「ありがとう」「おかげさま」「お疲れさま」をさりげなく口にできるようにしてくれます。

人間、仏さまではありませんから、たとえば仕事に追われているときに話しかけられると、「あとにして！」とイラッとすることもありますし、ときにはそんな気持ちをついついきつい言葉にして口にすることもあるでしょう。

でもそんなときには、できるだけ早く「さっきはごめん」と素直にいうことです。

「謝る」というのと「感謝する」というのは表裏一体です。「謝る力」も、「感謝する力」も、いずれも私たち人間にとっては欠かせない力です。

それを身につけるには、ささいなことにも感謝するという習慣を積み重ね、徳を積んでいかなければなりません。

およそ、生まれてから死ぬまで、ずっと温和でニコニコしていて怒らないなんて人はいないでしょう。

そんな私たちだからこそ、ささいなことでいいから、意識して自分の感謝力を高める努力を続けることが大切なのです。

松下幸之助の言葉

「感謝」のまわりに成功の花が咲く

人は、自分に感謝してくれる人に対して、親近感を抱いて、「もっと親しくなりたい」と思うものです。

それも計算ずくではなく、まわりの人に対して分け隔てなく感謝する人には、強い信頼を寄せるようになります。そして、その結果として、「感謝してくれる人」のまわりには、人の花が咲くことになります。

たとえば、松下電器産業（現パナソニック）を一代で築き上げた松下幸之助さんは、

「運が良かったという人は、周りの人に助けられてきたという『感謝』の気持ちのある人で、たとえ逆境に陥っても前向きに取り組める人物だ」

と語っていたといいます。

また、次のような言葉も残しています。

「人間は一人で大きくなったのではない。会社もまた一人で大きくなったのではない。あわただしい日々の中にも、ときに過去の歩みを振り返って、世と人の多くの恵みに感謝する心をお互いに持ちたい。その心こそが明日の歩みの真の力になるであろう」


その松下幸之助さんは、会社経営ばかりではなく、ＰＨＰ研究所を立ち上げて倫理教育や出版活動に乗り出しましたし、晩年は松下政経塾を設立し、政治家の育成にも意を注ぎました。

そんな彼のもとには、さまざまな分野からたくさんの人が集まってきて、大きな影響を受けたことはいうまでもありませんし、いまでも尊敬し、教えを実践している人は枚挙にいとまがないほどです。

まさに、「世と人に感謝する気持ち」を大切にしていた松下さんのまわりには、たくさんの人の花、成功の花が咲いたのです。

松下幸之助さんとまではいいませんが、あなたのまわりにも、人から慕われる人がいるはずです。

あなたも、少しでもそんな人に近づけるように、感謝する力を発揮し、仕事をがんばっていきませんか?

栗山英樹監督の
人を動かす力

一流のリーダーに学ぶ「感謝力」

仕事ができる人は、強い信念・強い覚悟を持って仕事に臨んでいますが、それと同時に、まわりの人に感謝する気持ちを持っています。

より高い目標を持って仕事を成し遂げるためには、人の助けが必要なこと、そして自分ひとりでは何事も達成できないということがよくわかっているからです。

それに対して、なんとなく仕事をしている人は仕事を安易に考えがちで、「こんなの無難に終わらせればいいじゃない。人の助けなんていらない」と考えます。そんな人は、何も見ていないし、別にまわりを気にすることもありません。

でもこの差は、いずれ人生に大きな違いをもたらします。

なんとなく仕事をしている人はいつまで経っても評価してもらえないでしょう。一方、まわりの人に感謝する気持ちを持っている人は、どんどん成長して、充実した人生を送るようになります。

ためしに、あなたのまわりで仕事ができると評価されている人のことを思い浮かべてみてください。

どうでしょうか？　きっと、「感謝力」があって、みんなに慕われている人、責任感がある人の顔が浮かんできたのではないでしょうか。

そうです。**仕事ができる人は、「感謝力」があるからこそ、みんなの信頼を得て、大きな仕事を任されるし、実際に、その仕事をみごとに成し遂げていける**のです。

まさに、二〇二三年三月に開催されたＷＢＣ（ワールド・ベースボール・クラシック）で侍ジャパンをみごとに世界一に導いた栗山英樹監督のような人こそ、一流の「感謝力」を持っている、真のリーダーといえるでしょう。

栗山監督は、「監督の仕事は選手の能力を最大限に引き出すことだ」といっています。そのために、まずは自らの思いを文字で伝えるということをしていました。

開催前に選手全員に直筆の手紙を書いているのです。

もちろん参加してくれた選手への感謝の思いも綴《つづ》られていたことでしょう。手にした選手たちがどれほど感激したかはいうまでもなく、なかにはお守りとしてカバンに入れているという選手もいたようです。

チームにおいてはキャプテンを置かず、一人ひとりがかけがえのないメンバーであり、一人ひとりがリーダーとして力を発揮すべきだというメッセージを伝えていました。

試合前の円陣では、選手が毎日代わる代わる声出し役をつとめ、チームを鼓舞し、一体感をつくっていました。全員がリーダーシップを持って臨んだ大会でした。

そして、何より選手を信じるということ。三冠王を獲得するほどの実力を持つにもかかわらず、WBCでは不振に陥っていた村上宗隆選手。そして、迎えたメキシコとの準決勝戦。一点を追う九回裏無死一、二塁の場面で、村上選手はみごとに期待に応え、センターオーバーの逆転サヨナラタイムリーツーベース。

村上選手は試合後の記者会見で、「城石コーチから、『監督が、任せたから思い切りいけといっていた』といわれて腹をくくれた」と話しています。まさに信じる力のなせるわざだというべきでしょう。

村上選手に限らず、栗山監督は全選手に対し、リスペクトする心を持ち、全幅の信頼を寄せ、最後まで選手の力を信じ続けました。

そしてことあるごとに、感謝の気持ちを伝え、思うように起用できなかった選手には、申し訳ないという気持ちまで伝えていたのです。

その監督の気持ちを選手一人ひとりがしっかりと受け止め、選手たちもまた監督への感謝の気持ちを持つことができたからこそ、世界一という偉業を達成できたのだと思います。

相手への敬愛、信じることの強さ、感謝し合うことの重み。それをひしひしと感じた、劇的な十数日間。日本中を熱狂の渦に巻き込み、閉塞感漂ういまの日本に大きなパワーとエネルギーをもたらしてくれた侍ジャパンには「ありがとう！」の言葉しかありません。

人を許せる人は
うまくいく

「寛容力」の磨き方

一般論としては、仕事でもなんでも完璧を目指したほうがいいことは間違いありません。人は完璧を目指してこそ、成長できるからです。

しかし、**周囲の人に完璧を求めすぎると、大切なものを失ってしまう**ことになりますから注意が必要です。

相手に完璧を求めすぎる人は、仮に失敗したときや、思うほど成果が上げられなかったときに、頭に血がのぼり、「なんでだ！」「許せない！」と激高してしまいがちです。

いったんそうなると、もう収拾はつきません。その場の雰囲気が凍りついてしまっても怒りを抑えることはできず、攻撃的な言動に出てしまい、あとに残るのはぎくしゃくした雰囲気と、もはや修復できないほど壊れてしまった人間関係だけということになってしまいます。「感謝」の対極にある状態といっていいでしょう。

そうした事態を避けるためには、何より**「許せる力」**を持つことが必要です。**「許せる力」を高めることは、「感謝する力」も自動的に高めてくれます。**

しかし、この「許せる力」を身につけるのは、たやすいことではありません。

「インド独立の父」と呼ばれるマハトマ・ガンジーは、「弱い者ほど相手を許すことができない。許すということは、強さの証だ」という言葉を残しています。

この言葉は、周囲の人に完璧を求めすぎる人ほど、じつは弱い人間であり、反対に許す力を持っている人こそ真の強さを持った人だということです。

真の強さを持った人は、心に余裕を持った人にもつながります。

心に余裕がある人は、たとえば部下が失敗したときに、怒りに支配されることはなく、冷静に、何が失敗の原因であったかを突き止めることができますし、これまで尽

力したことへの感謝の気持ちも抱くことができるのです。この感謝の気持ちが「許す」という行動を後押しします。

なんだか「許す」という言葉には、他人を高みから見下ろしているようなニュアンスを感じて、「自分はそこまで偉い存在じゃないもんなぁ」と思う人もいるかもしれません。

それなら、「許す力」を**「寛容力」**と置き換えて考えてみてください。

寛容とは、「心が広くて、よく人の言動を受け入れること。そして他人の罪や欠点などを厳しく責めないこと」を意味します。

「寛容力」を身につけるためには、まず自分のなかに眠っているネガティブな感情を認識することが必要です。

なんだかイライラして落ち着かない気分になったとき、感情に流されるのではなく、なぜそんな気持ちになったのかを掘り下げてみるのです。

たとえば会社で、親しくしていると思っていた誰かに、何ひとつ思い当たる理由もないのに、みんなの前で仕事についてケチをつけられたり、悪口をいわれたりしたときなどは、心底くやしい思いになることもあるでしょう。
「なんで、そんなこといわれなきゃいけないの！」と怒りがこみ上げ、すぐにでも反論したくなるものです。

でも、そんなとき、ちょっと気持ちを抑えて冷静に考えてみるのです。自分が、悪口だと感じた言葉は本当に悪口だったのか、ケチをつけられたと思った言葉は本当に自分を非難するための言葉だったのか……。

ひょっとすると、相手にはそんな気持ちなんてさらさらなくて、単に言葉選びを間違っただけかもしれません。

あるいは、気安さのあまり、冗談をいっていただけかもしれません。もちろん、いっていい冗談とそうではない冗談がありますが、気安さのあまり出たものなら、多少のことなら許せるはずです。

上手な
感情コントロール術

「怒らない」方法

前項に関連して、「アンガーマネジメント」の実践法のひとつとして、よく知られているのが**「六秒ルール」**です。

「人間の怒りのピークは長くても六秒だから、怒りを感じたときには六秒間だけでいいから時間を置けば、怒りを鎮めて自分の気持ちをコントロールできますよ」ということです。

時間が経てば経つほど怒りの炎は小さくなり、事態を冷静に判断できるようになります。

さらにいえば、**ある程度の〝図太さ〟も必要**かもしれません。

繊細な人はなかなかネガティブな感情から抜け出すことができずに苦しむことが多いものですが、**図太い人はイヤなことから目を背けることが得意**です。

もちろん、なんでもかんでも目を背ければいいというわけではありませんし、むしろ、しっかりと現実に目を向けることが大切だということはあらためていうまでもありません。

でもときには、**「まあいい。自分のネガティブな気持ちにふたをしてしまおう。時間が解決してくれるのを待とう」**という図太い方法を取ってもいいでしょう。

そうすれば、時間が経つにつれ、自分を取り戻し、事態を客観的にとらえることができるようになり、多少のことなら容認する力もついてくるものです。

そして広い寛容力を身につけることで、人を見る目も変わってきます。

たとえば、あなたのまわりにはどうしても好きになれない人もいるでしょう。やたらと仕事に対して厳しい人、あなたの欠点ばかりを指摘してくる人、もうあんな人の顔は見るのもイヤだと思うような人が……。

でも、そんな人は本当に仕事ができて、弁も立ち、反論すらできないことも少なくありません。だから余計に腹も立つのです。

ところが、**あとになって考えてみると、意外と「あの人からは、いろいろ教えてもらえたな。あの人がいたおかげで、いまの自分がいるんだ」と思えるようになる**ものです。

そもそも、人は、どうでもいいやと思っている人には関心を示しません。放っておくものです。気になるからこそ、文句もいうし、期待をしているから、注意もするのです。また、文句をいわれたり、注意をされたりしてイラッとするのは、その人がいうことに一理あるからだし、その人のことを心のどこかでリスペクトしていて、その人に自分を認めてほしいのに、認めてもらえないから気にさわるのです。

そんな自分の心の動きをしっかりと見つめることも、寛容力を身につけるには必要不可欠なことなのです。

また、**イラッとしたとき、自分の気持ちをよく見直してみる**ことも大切です。人間は、自分自身がイライラしていると、相手のふとした言動に過敏に反応してしまうことがあるものです。

怒りを覚えた自分が、どんな精神状態だったか、冷静に判断することが大切です。

さらに、自分の怒りをちょっと抑える努力も必要でしょう。

たとえば、**「もし、その人がいなかったら、いまの私があるかな？」と考えてみる**のです。

すると、「困ったとき、あんなことを教えてもらった」とか、「あのときの仕事はいっしょだったからうまくいった」などという〝いい記憶〟がよみがえってくるかもしれません。そうしたいい記憶には、くやしい思いを癒してくれる効果があります。つまり、心に余裕が生じるのです。

肝心なのは、この心の余裕です。心に余裕があれば、ふくれ上がりそうになるネガティブな感情を抑え、相手と距離を置いて接することができます。

どうしても許せないと思うようなことがあったとしたら、しばらくの間、自分を不快にさせた相手の存在や言動を頭の中から閉め出してしまいましょう。絶対に**自分のほうから、その人の話題を出さないようにする**のです。

心にわだかまりがあるうちは、ついつい、「ねえ、こんなことがあったのよ」と話題にしたくなるものです。

でも、話題にすると、相手の非を糾弾したり、ついつい悪口をいいたくなったりするのが人の常。そうなったら、お互いに非難の応酬になって事態はますます悪化するばかりです。それを防ぐためも、**相手と距離を置く。あるいは時間を置く。**それが賢明なのです。

4章

Small Gratitude

だから、この人は信頼される

打たれ強い人の秘密

「感謝力」がある人は簡単にへこたれない

生きていると、いろいろなことがあります。

ときには、お叱りを受けたりして、つい自己嫌悪に陥ってしまうこともあるものです。

そんなとき、素直に「貴重なお言葉、ありがとうございます」といえる人と、そうでない人とでは大きな差が出るものです。

「ありがとう」といえる人は、圧倒的に打たれ強いのです。多少の失敗では簡単にめげません。何度でも挑戦するパワーを持っています。

なぜかというと、**感謝の気持ちを持っている人の発想はポジティブだからです。**素直な心で現実を受け止めることができるからです。仕事で多少追い込まれても、**「ピンチはチャンス」**と気持ちを切り替えられます。

仮に失敗することがあっても、「自分はまだまだ恵まれている」と気持ちをプラスに持っていけます。ここが違うのです。

そして、仮に失敗してもそこであきらめず、次のチャンスに挑戦する意欲を失うことはありません。

すぐに気持ちを立て直し、「この前は失敗したけれど、次はこうしよう」と再挑戦するパワーを持っているのです。

それに対して感謝の気持ちが希薄な人は、現実を受け止めることが苦手で、思考がネガティブになりがちです。ちょっとしたことでも「自分はダメだ」と思ってしまいますし、どんどんマイナス思考のループに引き込まれていってしまいます。

そんな人が何か失敗して、叱責でもされようものなら大変です。「自分はこんなこともできない人間なんだ」と思い込み、もう一回挑戦しようという気力すらなくしてしまいます。
厳しい言い方をすれば、びくびく、おどおどした毎日を送るようになってしまい、卑屈な生き方しかできなくなってしまうのです。

私は、そんな生き方は絶対にしたくないし、みなさんにもしてほしくないと思います。卑屈になると、思考はどんどんマイナス方向に行ってしまうばかりです。

自分の力を過信せず、「目標地点には行けなかったけれど、手前までは行けた。失敗はしたけれど、そこまでたどり着けただけでありがたい」と考えるようにするのです。ひとりの力ではなく、多かれ少なかれ誰かに助けてもらっての結果なのですから。

ようするに、**「こんなことも自分はできない人間なんだ」**ではなく、**「おかげさまで、ここまでは行けた。次、またがんばる」と感謝力を発揮しよう**ということです。

大切なのは**「結果だけを見ない」**ということです。仮に結果は失敗だったとしても、そこに至るまでのプロセスで、いろいろなことがあったはず。

同僚が助けてくれたこともあったでしょう。

上司がアドバイスしてくれたこともあったでしょう。

ひょっとしたら部下から問題解決のヒントをもらったこともあったのでは？

あなたはけっしてひとりではなかったはず。仲間がいたからこそ、少しずつでも前に向かっていたのでは？


失敗したっていいのです。**プロセスを思い出すのです。その作業のなかで、きっと感謝できること、感謝すべきことがいくつも見つかるはずです。**それを、再度挑戦するための起爆剤にしていけばいいのです。

感謝の思いをベースに、しっかりとしたポジティブ思考を身につけた人は前向きなオーラを発しはじめます。まわりの人はそのオーラを感じて、「あの人となら、また新たな挑戦をしたいな」と思うようになるものです。

感謝の思いで、災い転じて福となすことができるのです。

森保一監督の
感謝力

感謝の気持ちが「最強チーム」をつくる

二〇二二年に開催された「FIFAワールドカップ　カタール大会」で、日本中が大いに沸きました。

組み合わせ抽選で一次リーグのグループEに入った日本は、ドイツやスペインなどの強豪国と対戦、二勝〇分一敗でみごとに決勝トーナメント一回戦に進出、勢いに乗って初の八強入りを目指して、クロアチアとの一戦に臨みました。

試合は一対一のまま延長戦に突入しましたが、それでも決着がつかず、ついにPK戦へ……。そのとき、想像するに余りある重圧がかかるなか、最初にボールを蹴ったのは南野拓実選手でした。

南野選手は自ら手を挙げて立候補したといいますが、残念ながら失敗。さらに二人目の三笘《みとま》薫選手と、四人目の吉田麻也選手もGKに止められ、クロアチアに敗れてしまいました。

「南野選手が一本目を決めていたら……」という批判もあるなかで、森保《もりやす》一監督は、南野選手を責めることはありませんでした。それどころか、試合が終わった直後に、南野選手に対して「一番に蹴ってくれてありがとう」と感謝の言葉を口にしていたというのです。


南野選手は、カタール大会ではなかなか調子が上がらず、全試合に出場していたわけではありませんでした。でも、イヤな顔ひとつしないで、チームを支え続けてくれていたといいます。監督は、そんな南野選手に対する感謝の気持ちを、いの一番に伝えていたのです。

「成功、失敗はあるかもしれないが、プレッシャーのかかるなか、勇気を持って『自分が蹴る』とチャレンジする姿を見せてくれた」と称《たた》え、感謝したのです。

この日本チームを率いた森保監督は、常々感謝の言葉を口にしていました。二〇一九年に監督就任一年を迎えたときの手記を紹介しておきましょう。

「覚悟と感謝——。これは1年前、僕が日本代表の監督に就任する会見で、みなさんに伝えさせてもらった言葉です。

これまでサッカーに携わってきたひとりの人間として、今日に至るまでの環境を築いてきてくれた人たちへの感謝と、今後の日本サッカーの発展につなげていく強い覚悟を込めさせてもらいました。

僕が記者会見や試合後のインタビューで、関係者や応援してくれる人たちへの感謝を述べるのは、自分がここまで歩んできた中で、その節目、節目で人に助けてもらってきたという思いが強くあるからです。

常日頃から、深く考えているわけではないですが、もしかしたら、そこには両親の影響が大きいのかもしれません。直接、声に出して言われたことはありませんが、い

つも両親は『人の中に自分がいる』という考え方をしていたように思います」

（出典：JFA.jp「覚悟と感謝」森保一監督手記「一心一意、一心一向」二〇一九年六月一六日）

すばらしいのは、森保監督がその思いを行動で示していたことです。日本代表になる選手の多くは、世界各国に散らばっていて、合宿や試合が終わって旅立つ時間はバラバラです。

でも森保監督は、早朝だろうが、夜中だろうが、一人ひとりを「ありがとう」といって見送っていたそうです。そんな森保監督の思いは、選手たちに確実に伝わっていました。選手たちが口々に「森保さんだからこそ、ベスト16の壁をいっしょに越えたかった」と語っていたのがその証拠です。

そしてまた、だからこそ、日本全体がいっしょになって、森保ジャパンを応援したのです。**感謝とそれに裏打ちされた信頼は必ず大きく広がっていくのです。**

できる人の言い回し

ひとつ上の「感謝の言葉」を磨こう

感謝の気持ちをよりしっかりと相手に伝えるためには、「ありがとうございます」にプラスして、**「もうひとつ上の感謝の言葉」を身につけるように心がけたい**ものです。

たとえば、「ありがとうございました」というだけでなく、「ありがとうございます。感謝の念に堪えません」といえば、それだけ、深く感謝しているんですよという気持ちが相手に伝わります。

また、日本には、感謝を伝える言葉がたくさん存在しています。たとえば、「感謝」の類語としては、**「拝謝《はいしゃ》」「深謝《しんしゃ》」「万謝《ばんしゃ》」**などがあり、それぞれ次のように使います。

「平素何かとご高配いただき、拝謝いたします」

「ご厚情に深謝いたします」

「お心遣いを万謝いたします」

など。


これを、相手や場所によって使い分けるのです。

さらに、言葉をプラスすることで、より強い感謝の気持ちを伝えることもできるでしょう。


「**身に余るお心遣い、**誠にありがとうございます」

「このような席を設けていただき、○○**冥利に尽きる思いです**」

「励ましのお言葉、心に沁《し》みました。**この上なくありがたい思いでいっぱいです**」

「**おかげさまをもちまして、**プロジェクトが成功しました。感謝申し上げます」

などという使い方です。

さすがに若い人は、こういう言い回しは使い慣れていないし、最初のうちはなかなか口をついて出てこないかもしれません。

でも、**感謝の言葉も「習うより慣れろ」**です。

繰り返し口にしているうちに板についてきますし、いつの間にか、自然にサラッといえるようになるものです。

ぜひワンランク上の「感謝の言葉」を使えるようになって「感謝力」を磨き、評価を高めていただきたいと思います。

「断る力」の身につけ方

「ありがとう」は最善のクッション言葉

世の中には、「断る」ことが苦手な人がいます。

そんな人は、何か頼まれたとき、余裕がないのについつい引き受けてしまいます。自分にできないときはきちんと断るべきなのに、「断ると関係が悪くなりそう……」とか、「自分が引き受けてなんとかなるなら……」などと考えてしまうのです。

よくいえば、根が真面目な人、やさしい人、あるいは責任感のある人といえるでしょうが、逆にいえば、気弱で優柔不断な人、安請け合いをする人ということになるでしょう。

最近では、「断れない人は承認欲求が強い」と指摘されるようにもなっています。

人に評価されたいという気持ちが強いためになんでもかんでも引き受けてしまうというのです。

でもそんな人は、しだいに自分とまわりの人の境界線があいまいになり、守るべき自分の心理的領域を侵されていってしまいます。そうして結局、パンクしてしまったり、潰れてしまったりしては、周囲に心配や迷惑をかけ、かえって評価を下げる結果となってしまいます。

だから、**「断る力」**が必要です。何か頼まれたとき、大きな負担になるのであれば「できません」ときちんということが必要です。

そうはいっても、人からの頼まれごとを無下に断るわけにはいかないでしょう。

そんなときに使いたいのが「感謝の言葉」です。

仕事の依頼だけでなく、何かのお誘い、あるいは遊びの誘いでも、つごうが悪いときや行きたくないときには、**「お誘い、ありがとう。でもその日はあいにく、つごうが悪いので」**といえばいいのです。

「ありがとう」は最善のクッション言葉なのです。「ありがとう」という感謝の言葉をつけることで、誘いを断ることへの罪悪感を軽くすることができますし、相手の感情を損ねるリスクも減らすことができます。それでも、怒り出すような人とは、つきあう必要なんてありません。

人間関係において、ときとして、はっきりとした態度で臨まなければならない場面もあるでしょう。そうしなければ、自分を守ることはできませんし、それが信頼や評価にもつながるのです。

ただし、そのとき、相手に対する気遣いがないと〝イヤな人〟と思われてしまいかねません。

だからこそ、まず感謝の言葉を前面に押し出して対処するのです。「ありがとう」のひとことは「断る力」を高めてくれる、というのは、そういうことです。

「礼儀」を
忘れるべからず

なぜ、あの人には「敵」が多いのか？

感謝の言葉を口にすることもなく、いつも文句や悪口ばかりいっている人は嫌われます。

人間は〝感情の生き物〟なので、ネガティブなことばかりいっている人には、本能的に近づきたくないと思い、敬遠するようになるからです。

一般的なことに不平不満を並べているうちは、まだ敬遠されるだけですむでしょう。しかし、文句や悪口の対象を個人に向けるようになると、人間関係は一気に悪化します。

文句や悪口をいうほうは、よほどの悪意がない限り、それが相手に与える影響なんてほとんど考えていません。文句や悪口を口にすることで、自分の気持ちがスッとすれば、それでいいのです。

でも対象にされたほうはたまったものではありません。

まわりの人の自分を見る目が悪いほうに変わることだってありますし、それが原因で生活や仕事の面で直接的な被害を受けることにもなりかねません。

そのため自分は〝攻撃された〟と感じ、相手を敵視するようになっていきます。窮《きゅう》鼠《そ》猫《ねこ》を嚙む、といいますが、どんな反撃に出るかわかりません。

また困ったことに、理由もなく平気で個人を攻撃するような人は、次々と攻撃対象を広げていく傾向があります。

自分の気持ちを満足させるためなら、攻撃する相手は誰でもいいし、理由なんてあってもなくてもいいのです。

しかし、当然のことですが、そんなことを続けているうちに、誰にも相手にされなくなるでしょう。

「感謝力」を磨く努力をしないと、気がついたときには〝まわりは敵ばかり〟という状況になってしまうのです。

そんな負のサイクルに陥りやすいのは、やたらに文句や悪口を口にする人ばかりではありません。

たとえば、思っていることをすべて口に出してしまう人や、遠回しに嫌味な言い方をする人も、敬遠され、敵を増やしてしまうことが少なくありません。

もちろん、人とコミュニケーションを取る場合、正直な気持ちをいったほうが伝わりやすいでしょうし、正直に伝え合うのが原則でしょう。でも、それは程度の問題です。

本当に理解し合い、心が通い合っている相手なら、ストレートな言い方をしても誤解なく伝わるかもしれません。

しかし、まさか、相手のことを愚かだと思っているからといって、それをそのまま口にしたら、相手の怒りが爆発するか、あるいはそんなことをいう人こそ愚かだとバカにされることでしょう。

世の中には、よく当てこすりや嫌味を口にする人がいます。

たとえば、職場で何かミスが起きたときなどに、部下に対して、「君たちのミスのせいじゃないけれど、あれがなければ、すべてがうまくいっていたのにな」とチクチク攻撃する上司を見受けます。

そこには部下への感謝の気持ちなどかけらもありません。

本当は「俺は悪くない。全部お前たちのせいだ」と、部下たちに責任を押しつけてしまいたいのですが、さすがにそれではあからさまなので、嫌味をいってウサを晴らしているのです。まさに感謝力のない人から発せられる言葉です。

でも、そんな悪意は隠そうとしても、相手に伝わってしまいます。そしてその結果、最終的には敵だと判断され、信頼を失い、評価を失い、孤立していくことになってしまいます。

コンサルタントの中島孝志さんは、

「職場とかで嫌いな人はいてもいいが、敵にはしちゃいけない。また、敵にしないためには礼儀や感謝が大事であり、ありがとうとか、申し訳なかったと、しっかり言葉にしておけば、敵をつくらなくてすむ」

といっています。

まさにそのとおりだと思います。**礼儀や感謝は、さまざまな場面でうまくやるための必須スキルなのです。**

“マイ・ルール”を
疑ってみる

「分をわきまえる」と感謝が生まれる

前項に関連しますが、敵が多い人は、自己本位（自己中心的）で、他人の気持ちを考えずに自分の意見を押しつけようとしがちです。その際、「自分の意見に従わない人はすべて敵だ」と判断します。

つまり、自分のルールがすべてであり、常にまわりの人を「敵か、味方か」でしか判断することができず、自分のルールに従わない人（つまり敵）は徹底的に排除しようとするのです。

その一方で、敵の多い人は常に、「自分の人生、何事もうまくいかない」と大きな不満を抱えています。

ふつうに考えれば、まわりの人を否定してばかりでは何事もうまくいかないのが当然でしょう。それこそ多様性を認め、いろいろな考え方を受け入れてこそ、ものごとはうまく進んでいくものです。

でも、なかなかそれに気づけません。そのあげく、コミュニティのなかで孤立してしまい、ますますものごとがうまくいかなくなってしまうのです。

あなたのまわりにもそんな人がいるかもしれません。

たとえば勤務先に、常に成績を気にして、数字を求めたり、部下を追い込んだりしているくせに、自分は「なんでこんな思いをしなきゃいけないんだ」とか、「どうしてこんな仕事をしなきゃいけないんだ」などと、不平不満を口にしている上司が。

そんな日々が楽しいわけがありませんし、意味があるとは思えませんよね。

あなたが、そんな負のループに陥らないようにするには、まず自分の考え方を一度疑ってみるべきです。

まず自分はすべて正しいなんて考えるのはやめて、勝手なマイ・ルールを捨てるべきですが、そのためにはしっかりと自分の本音と向き合う必要があります。

自分はいったい何に不満を感じているのか？

本当に許せないことは何なのか？

そして自分が本当に望んでいるのはどんな人生なのか？

こういったことを、じっくりと考えてみなければなりません。


そのときに大切なのは**「分をわきまえる」**ことです。

つまり、自分の立場や地位、そして身のほどをよく知り、出すぎたことをしないように心がけようということです。

「分をわきまえる」というと、なんだか自分をさげすんだような言葉だと感じる人もいるかもしれませんが、言葉を換えれば、**謙虚に自分を見つめることであり、感謝を知る**ということです。

「自分こそ絶対の正義だ。だからみんなが自分に従って当然だ」などという傲慢な考え方はやめて、**「いまの自分があるのは、みんなのおかげだ」と心に刻み込む**のです。

そうすれば、ちょっとうまくいったことでも、それこそ「ラッキー！」「ああ、よかった！」と思えるようになります。

難しく考える必要はありません。

「みんながいたからここまでやれた。ありがたいな。よし、みんなといっしょにこれからもがんばろう」

そう心に刻めばいいのです。

そこに感謝があるか？

「正論」をいうときほど、慎重に

正義感の強い人のなかには、「私は絶対に間違っていない。正論をいっている」と思っていて、周囲の人になかなか感謝の言葉を口にできない人がいます。

そういう人は、自分にも厳しいのですが、まわりの人にも自分の正義感に同調することを強く求めようとします。

その結果、正論を武器にして、周囲の人を追い詰める傾向すらあります。

当然ですが、そんな人は「あの人は面倒くさい人だ」「あの人は自分勝手な人ね」とレッテルを貼られ、いつの間にか敬遠されるようになってしまい、信頼を失っていきます。

最近、「モラハラ（モラルハラスメント）事件」がたびたびニュースなどでも報じられるようになってきましたが、そんな騒動を起こすのは、まさに正義感の強い人、それもひとりよがりの正義感を持った人です。

やっかいなのは、モラハラをする人は、自分がモラハラに該当する言動を繰り返していることへの自覚があまりないことです。

セクハラやパワハラに関しては、社会全体での理解がかなり進んできて、気をつける人が増えています。

しかし、モラハラに関してはまだまだ理解が進んでいませんし、なにしろ本人にしてみれば、正義感に根ざした行為なので、自分で気づくことができないままでいる人が多いのです。

もちろん、説得力のない人は、人を動かすことはできません。組織をまとめ、動かしていくには、強力な説得力が必要ですし、誰もが納得する正論が必須です。

ただし正論をいって人を責めるようなことがあってはなりません。正論をいわざるをえないときには、相手を尊重する気持ちを持って、少し控えめにいうべきです。いくら論理的に正しい主張であっても、それを振りかざしてはならないのです。

その正論は感謝の気持ちをベースにしたものかどうか——。そこがポイントです。そうすれば、おのずと言い方、伝え方は控えめになり、受け入れられやすくなるでしょう。

正論をいうとき、自分の主張を伝えるとき、「感謝」の気持ちがベースにあるか。
それはみんなのことを考えたうえでの論なのか。
自分のわがままを押し通すためだけの論ではないのか。

……口にする前に、まずそれをしっかり考えることが大切です。

ハインリッヒの法則

「クレーム」に感謝できる人は伸びる

多くの企業で、クレーム処理にどう対応するかについて、いろいろと頭を悩ませているようです。

なにしろ、クレームに対応していくには多くの時間とエネルギーが必要ですし、クレームのなかには理不尽なものも少なくないため、対応に当たるスタッフの精神的負担はかなりのものになってしまいます。

そのため、ストレスで体調を崩してしまったり、会社を辞めてしまったりする人も出てきます。どんな会社でも、「クレーム処理なんてないほうがいい」と思っているのが正直なところでしょう。

しかし、クレームをないがしろにしてはいけません。

そもそも、どんなにすぐれた商品やサービスでも、すべての人に満足してもらうのは至難のわざです。一〇〇%満足してもらえて、まったくクレームのないことなどあり得ません。

労働災害における怪我の程度を分類し、その比率を表した「ハインリッヒの法則」(一対二九対三〇〇の法則)によると、一件の致命的な失敗の裏には二九件のクレームを招くレベルの失敗があり、さらにその裏には三〇〇件のクレームには至らない軽度な失敗があるといいます。

つまり、**「一つのクレームを無視していたためにより大きな問題や事故に発展するリスクがある。クレームのなかには、見逃してはいけない〝意味のある主張〟がふくまれている」**ということです。

クレームを単なる苦情やいいがかりととらえてしまうと、どうしてもネガティブになってしまいがちでしょう。

しかし、「クレームには大きな意味がある」としっかり認識して、それを見逃さなければ、大きな問題や事故も防げます。

さらに、クレームを商品やサービスの向上に結びつけて、他社との差別化を図るきっかけにすることもできるでしょう。

つまり、**「クレームは成長の絶好のチャンスだ」**ということです。

その成長のチャンスをつかむためには、まずはクレームを素直に受け止めることです。やっかいだなと思うのではなく、問題点を指摘してくれたお客様に対して、「貴重なお言葉、ありがとうございます」と感謝の気持ちを持って接するのです。それができれば、会社の成長エンジンはより力強く動きはじめることでしょう。

こうした対応は、社内においても大切なことです。**たとえば、あなたがリーダーであれば、チームのメンバー一人ひとりが抱えている小さな不満も「クレーム」と同じです。ひとりが感じている不満は、三〇〇人が抱えている不満かもしれません。**

その現実に目を背けていると、組織内の不協和音は大きくなるばかりです。

部下を持ったら、部下の小さな不満にも気を配るよう、心がけなければいけません。リーダーは、「目の前の仕事をこなすだけでも精いっぱいだ。そんな余裕はない」と逃げてはいけないのです。

一人ひとりの小さな声にも耳を傾ける。何か不安なことや不満なことがあれば、チームをもっとよくする貴重な意見だと受け止めて感謝し、解決する。それが、リーダーに求められる「感謝力」です。

「すぐやる人」の勝ち

「お礼はあとでいいや」は禁物

前項の「クレーム」に対してもそうですが、**感謝の気持ちはできるだけ間を置かずにスピーディーに返すことが必要な時代になっています。**

世の中にインターネットが登場して以来、情報の伝達速度がどんどん速くなっています。たとえば、ブライダルのお客様は、何かオファーしたら、すぐ返信が欲しいのです。とくに、新型コロナが流行ってからは、ますますメールやＳＮＳでのやりとりが中心になってしまい、返信がないと、「どうしてすぐに返事してくれないの！」と苦情のメールが飛んできます。

たまたま担当者が休みだったり、席を外していたりする場合が大半なのですが、そういう事情を察したり、想定していただいたりするのはなかなか難しいようです。

よく、LINEを使っている若い人たちの間で、「しばらく既読にしなかったら仲間外れにされてしまった」などという話も聞きますが、返事がすぐ返ってこないことに、なんだか邪険にされているような気持ちや軽視されているような気持ちを抱いてしまうのでしょう。

ともあれ、いい悪いは別にして、**とにかくレスポンスの速さが求められる時代になった**のは間違いありません。

感謝の気持ちは少し時間を置いて、心を込めてお手紙で返したほうが、より真意が伝わるという考え方もあります。

しかし、こんな時代ですから、まずは、メールや電話で感謝の言葉を伝えたうえで、あらためてお手紙を送るようにしたほうがいいのかもしれません。

まして、会社などで毎日顔を合わせているような相手に対しては、何か手伝ってもらったり、お世話になったりしたら、まずは、その場で感謝の言葉を口にするように心がけましょう。

その「感謝力」が好感度を上げてくれますし、評価を高めてくれるでしょう。

「あとでいいや」は禁物です。そう思っているうちに、ついつい忘れてしまったり、タイミングを失ってしまったりして、そうこうしているうちに相手から「世話をしてあげたのに、お礼のひとこともないなんて」「なんのお礼もいってこないのか。なんて失礼なやつだ」と思われ、評価を下げてしまいます。

これは「感謝力」がない人といっていいでしょう。気をつけたいものです。

5章

Small Gratitude

「与える人」こそ恵まれる人

知っておきたい
仏教の教え

私たちは「生かされている」

お坊さんの法話を聞いていると、よく**「私たちは生かされているんですよ」**という言葉が出てきます。

それを聞くたびに、私は「そのとおりだな。本当に、みんな支え合って生きている。ひとりでは生きていけない。だから、まわりの人への感謝を忘れてはいけないな」と思います。

私たちは、いま生きていることを当然のことのように受け取っていますが、よくよく考えてみれば、八〇億人もいる人間にひとりとして同じ顔をした人はいません。一人ひとりの顔はみな違っていて、それぞれ個性を持って生きています。これは壮大な地球の歴史の結果です。

現在、地球にはおよそ八七〇万種の生物がいるといわれていますが、そもそも生命が誕生したのはおよそ四〇億年前のことだとされています。

その生物の遺伝子が受け継がれ、多くの生物種が誕生や滅亡を繰り返し、想像もできないほど長い時間を経た結果として人類が誕生しました。

私たちは、それらの生物すべての子孫であり、およそ七〇兆通りの染色体の組み合わせによって、独立した個として存在しているのだそうです。

そうした事実を考えれば、「いま、私が私として存在していること」はまさに奇跡といってもいいでしょう。

その後、人類は社会を形成し、文明を発達させることで繁栄してきました。先進国ではかつてのように餓死を恐れる必要はなくなっていますし、必要なものを大量に生産する能力も手に入れています。

でも、それは多くの人が協力し合っているから可能になっていることです。お互いに依存し合い、共存しているからこそ、豊かな生活を送ることができているのです。それを考えれば、「生かされている」という言葉の意味もはっきりとわかってくるでしょう。

だから、お坊さんは、「私たちは生きているのではない。生かされているんだ。だから感謝の心を持たなければいけない」とことあるごとに諭《さと》してくれているのです。

こうした教えは仏教に限ったことではありません。

たとえば、アフリカのナイジェリアには、

「小さなものに感謝しなさい。そうすればあなたは多くのものを得るだろう」

という、古くからのことわざがあるそうです。

でも人間は、残念なことに、ついついそんな教えを忘れてしまいがちです。寒さに凍えることも暑さに悩まされることもなく、明日食べるものや着るものも心配する必要がない日々が続くうちに、それがあたりまえになってしまっているからです。

そんな現代人に対して、アフリカでの献身的な医療活動で「密林の聖者」とも呼ばれたドイツの医師アルベルト・シュヴァイツァーは、

「感謝を表現する言葉や行動からけっして逃れないよう自分自身を鍛錬しなさい」

という言葉を残しています。

感謝し、感謝されるということ、それにふさわしい行動をするには、それだけ努力することが必要だということです。

たとえば、世界にはまだまだ飢餓に苦しんでいる人たちが数多く存在しています。国連の調査によると、二〇二一年における世界の飢餓人口は八億二八〇〇万人にのぼるとされています。

私たちの豊かな生活は、そんな人々の犠牲の上に成り立っているのです。

私たちはそれを忘れることなく、シュヴァイツァーにはなれないまでも、感謝し、感謝される人間になることを目指し、こうした問題を少しでも解決するよう努力するべきだと思います。

もっと「心を開く」と
人生が変わる

運やチャンスは「人」が運んでくる

誰かが成功するのを見ると、「彼は運がいい」とか「彼女はうまくチャンスをつかんだ」などという人がいます。

まるで何も努力していないのに運やチャンスが勝手に巡ってきたかのように聞こえますが、本当にそうでしょうか。

運やチャンスが勝手に転がってくるわけではないでしょう。

私は、成功する人は、その人自身に運やチャンスを引き寄せる力があるからだと思います。

2章で、**「ご縁に感謝すると幸せになれる」**といいましたが、じつは、運やチャンスは「人」が運んでくるものです。

運やチャンスに恵まれている人は、〝ご縁〟を大切にしており、その結果として、幸せをつかんでいるように思います。

私は、人生の岐路に立ったとき、ありがたいことに、いつもどこからか助けの手が入り、導かれるように次に進むことができ、新しいことにチャレンジしてきました。司会の仕事しかり、専門学校の講師の仕事しかり、本の執筆の仕事しかり。けっして私に飛び抜けた才能や能力があるわけではなく、ご縁がつないでくれた結果だと思っています。

ただひとついえることは、ご縁がある人が紹介してくれたり、すすめたりしてくれたことに対しては躊躇《ちゅうちょ》することなくトライしてきました。

なぜなら、ご縁をくれた人に対する強い感謝と信頼があるからです。あの人がすすめてくれたのだからやってみよう、あの人が紹介してくれたからがんばって応えよう、という一心です。

いいご縁は感謝の心や信頼関係がなければ結べません。それがあるからこそ困ったときにはアドバイスしてもらうことができますし、実際にサポートしてもらうこともできるのです。

なんの行動も起こさず、うらやましがっているばかりでは、運もチャンスもつかめません。

まずは、多くの人と〝いいご縁〟を結ぶ努力をしてみてはいかがでしょうか。

感謝の心を持って、多くの人との出会いの場をつくっていきましょう。そして**利他の心を持って、自分にできることなら喜んでお手伝いし、「ご縁の輪」を広げていくうちに、人間関係も、仕事も、人生も好転していく**のです。

「自分には運がない」とか、「チャンスが巡ってこない」なんて嘆いてばかりいても、運もチャンスも自分のものにすることはできません。そんなことはやめて、ご縁を大切にしましょう。

自分のこれまでの人生を振り返れば、いろいろなご縁でいまの自分があることに気づくはず。そんな、昔からのご縁に感謝し大切にしつつ、さらに新しい素敵なご縁を結んでいけるように、もっともっと心を開いていけばいいのです。

感謝の心のうえに築かれたご縁は、運とチャンスの宝庫です。

ダルビッシュ有の献身

「縁の下の力持ち」を大事にする

「縁の下の力持ち」という言葉があります。

「他人のために陰で苦労や努力をすること・人」「見えないところでまわりの人を支えてくれる人」のことですが、それこそ、目立つこともなければ、賞賛されることもないような役目を引き受けてくれる存在といってもいいでしょう。

たとえば、ラグビーではプロップというポジションが、縁の下の力持ちとされています。プロップは、スクラムを組むとき、最前列で相手と組み合って、パワーとテクニックで、試合の展開を有利にするために全力を尽くします。

また、ラインアウトの際には、味方の選手（ジャンパー）をより高く持ち上げて、ボールをゲットするための役割を果たします。いずれもじつに地味な仕事ですが、試合の勝敗を決定づけるうえで重要なポジションといわれます。

野球における「送りバント」も縁の下の力持ち的なプレイです。たしかに、観客はヒットやホームランに熱狂しますが、ヒットやホームランばかりを狙っていても試合に勝てるとは限りません。ときには、自分が犠牲になって、ランナーを先の塁に進めることで、一点をもぎ取りに行かなければならないこともあります。けっして目立つプレイではありませんが、それが勝敗を決めることも少なくありません。

こうした**「縁の下の力持ち」は、社会生活を送る際やビジネスシーンにおいても貴重な存在――「与える人」**です。人が嫌がる仕事を率先して引き受けてくれる人や、自分が損をしてもまわりの人のために犠牲になることをいとわない「与える人」がいてくれるからこそ、私たちは快適に生活したり、スムーズに仕事を進めたりすることができるのです。

縁の下の力持ちという表現が的確ではないかもしれませんが、メジャーリーグで活躍しているダルビッシュ有選手は、二〇二三年三月に開催されたWBCでは陰のMVPと称されるほど、チームに貢献しました。

メジャーでのシーズン開幕を控えていて調整も難しいなか、二月の宮崎合宿からチームに参加し、後輩投手たちに球種などをはじめ自分の持っている技術や情報を惜しみなく伝授する姿は、頼もしいものでした。

育成選手から一年で侍ジャパンのメンバーとなり、チームになじめず苦悩している様子の宇田川優希選手を気遣い、「宇田川会」と名づけた投手陣による懇親会を開き、選手同士の親睦を図ったことは広く知られています。

また、ダルビッシュ選手はメディアが「後輩にアドバイス」という表現を使うことに対し、アドバイスではなく「情報共有」だといい、自分も教えてもらうことがあるという姿勢を貫いていました。この感覚こそが若い力を引き出し、自らの原動力にもなっているのだと感じました。

侍ジャパンにとってダルビッシュ選手は、陰になり日向になりチームを支えた貴重な「与える人」だったといえるでしょう。

そして、チームメイト全員がダルビッシュ選手に感謝の念、尊敬の念を抱いたことは間違いありません。

私たちは、「縁の下の力持ち」への感謝を忘れてはいけません。そして、その感謝を言葉にして伝えるべきです。

その感謝の言葉は、「縁の下の力持ち」の励みとなり、活力になるはずです。そして、感謝を伝えてくれた人への感謝につながるでしょう。

そうした**「感謝し、感謝される」ことが素敵なご縁を生み、人間関係や仕事、人生が好転していく**と私は信じています。

「刻石流水」とは?

「受けた恩」への感謝を一生忘れない

「刻石流水《こくせきりゅうすい》」という言葉があります。

これは、仏教の「懸情流水 受恩刻石」、

「情を懸けしは水に流し、恩を受けしは石に刻むべし」

という教えからきた言葉だそうですが、なかなかすごみのある言葉ですよね。

私たちは、人に何かしてあげたことは覚えているくせに、してもらったことはスッと忘れてしまいがちです。

その結果、「あの人に○○してあげたのに」と思うようになり、あげくの果てには「あの人は感謝の気持ちがない」なんて思いはじめて、不平不満を溜めてしまうものです。

この「刻石流水」は、そんな人間の愚かさを戒めた言葉です。

たしかに、**「懸けた情け」なんて、いつまでもこだわらず、サッと忘れてしまったほうがいいでしょう。「お返し」を欲しがるからイライラしたり、傷ついたりすることになる**のです。

逆に「受けた恩」は忘れないように努めるべきです。**恩人に対しては、何年経っても、何回でも「あのときは、本当にありがとうございました」とお礼をいうのが正しい生き方**だと思います。

でも「意外と、できそうで、できないことだな」と思ってしまいます。とくに若い人はそうでしょうが、そもそも恩は、歳を取ってある程度人生を築いたあとより、まだこれから人生を築いていかなければならない若いころにこそ数多く受けるものです。

人生経験も浅く、いわゆる人としての修行も十分に積んでいないのですから、あたりまえですし、誰でも同じです。

だから、若いうちは恩を受けることをためらう必要はありません。むしろ、積極的に教えを乞い、ありがたく導いてもらえばいいのです。

ただし、その恩をけっして忘れないことです。そのためには、**年に一回でもいいから、自分がお世話になった「恩人」のことを思い出すように心がける**ことです。それが感謝の心を育てます。

私の夫は、中学校・高校時代の恩師への感謝を忘れず、卒業したあともずっと、年に数回は恩師のもとを訪ねていました。

結婚してからは、私も同行し、その先生には私もずいぶんかわいがっていただき、いろいろなことを教えていただきました。司会の仕事の依頼をいただいたこともあります。

夫は、恩師に感謝の気持ちを伝えたいという思いだけで訪ねていたのですが、結果として先生を中心に新たな人脈の輪も広がりました。

また、私の専門学校時代の教え子のなかには、会うたびに「先生のおかげでいまの私がある」と感謝を伝えてくれる卒業生がいます。そんな彼ら、彼女らのためには、これからも、自分にできることならなんでもしてあげたいという気持ちになります。

恩はすぐに返せるものではありません。また、相手の人だってすぐに恩を返してほしいなんて思ってはいません。

自分が成長して、お返しできるようになったら、少しずつお返ししていけばいいのです。それが、どんな形であれ、一生かかってもいいと思います。そのプロセスで、きっと人生を好転させる新しい何かが生まれるでしょう。

樹木希林の言葉

「身のまわりのモノ」への感謝も忘れない

私たちは、人に対してと同様に、身のまわりのモノへの感謝を大切にすべきだと思います。

人は他人がモノをどう扱うかも見ているものです。そして、モノを大切にしている人には、なぜか信頼や尊敬の念を抱くようになります。

たとえば、現在はアメリカのメジャーリーグのシアトル・マリナーズで会長付特別補佐兼インストラクターを務めているイチローさんは、現役時代から道具を大切にしていたことで知られています。

野球選手のなかには、たとえば凡打に終わったときにバットを地面に叩きつけたり、へし折ったりする人もいます。それは一種のアンガーマネジメントであったり、パフォーマンスであったりするのかもしれませんが、イチローさんは、絶対にバットを放り投げるようなことはしませんでした。

映像を見ても、たしかに、ほかの選手とは違います。フォアボールを選んだときや、打ったあとでさえ、バットの先端を地面につけて、そっと寝かせるように地面に置いています。とにかく、バットを大事にしていることが伝わってきます。

また、試合後にはグローブやシューズなどを自ら手入れして、とても大切に扱っていたことは有名です。それが、メジャーリーグの選手たちに一目置かれる理由のひとつにもなったのだと聞いています。

また、女優の樹木希林さんも、すごくモノを大事にしていたことで知られていました。たとえば、靴は長靴をふくめて三足しか持たないと決めていたし、洋服も人から譲ってもらったお古を自分でリメイクして着ていたといいます。あれほどの大女優でありながら。そして、そんな自分を次のように振り返っていました（出典：『婦人公論』二〇一六年六月一四日号「50歳からの10年が人生を分けていく」より）。

「若い頃は安物買いの銭失いだったんですよ。でも、モノがあるとモノに追いかけられます。持たなければどれだけ頭がスッキリするか。片づけをする時間もあっという間」

このような、モノに感謝し、モノを大切にする姿勢は、明らかにケチとは一線を画したものであり、なんだか清々《すがすが》しさと共感を覚えます。

とくに、樹木さんの**「モノがあるとモノに追いかけられる」**という言葉は胸に刺さります。「そんなことをしていると、本当の自分を見失いますよ」と教えてくれているような気がします。

また、イチローさんや樹木希林さんのような生き方に、〝精神性の高さ〟を感じる人も多いと思います。

モノを粗末にしたり、乱暴に扱ったりしている人を見ると、なんだかその人の未成熟さや幼稚さを感じてしまうものです。それに対し、モノを大事にしている人に対しては成熟した人間性を感じるものです。

それは、モノを大切にする姿勢が、自分や人に対する姿勢と深く関係しているからでしょう。

モノを大事にする人は、間違いなく他人に対する愛情や敬意も持っていますし、自分の心にある慈愛の気持ちを大切に育てている人です。

だからこそ、**多くの人はモノを大切にしている人に接すると、その人ともっと親しくなりたいと思うし、尊敬すると同時に、自分の見本にして見習いたいと思う**のです。

私も若いときはよく衝動買いをしていましたが、いまは、何かひとつ買うときにも、「本当にこれは必要なんだろうか？」とじっくり考えてから買うようになりました。

たとえば、傘。若いころはビニール傘を使うことも多く、「いつなくしてもいいや」なんて、ぞんざいに扱っていましたが、いまは、ちょっといい傘を買って、使ったあとにはちゃんと干すなど手入れをして、大切に使うようになりました。

でもそれは、私だけに限ったことではないようです。たとえば、「断捨離ブーム」

もそんな流れのひとつかもしれません。

不要なモノを捨てて本当に必要なモノを再確認する作業は、自分の生き方を見直すことにもつながります。

あるいは、「フードロス」をなくそうという動きや、「衣服ロス」をなくそうという動きも加速しており、それに取り組む企業に注目が集まるようになっています。

大量消費時代が続くなかで、モノを大事にする心をなくし、モノはどんどん使い捨てにされてきましたが、その限界が見えてきて、生き方そのものを見直そうという流れになっているのです。

人類は豊かさを求めて効率性を追求してきました。そのおかげで社会（とくに先進諸国）はたしかに豊かになりました。

でも、その代わり私たちは大きなものを失ったのでは？　自分の時間や余裕のある心、感謝する気持ちなどです。それが本当に幸せなことなのかと考えはじめる人が増えているような気がします。

お金の不安の
遠ざけ方

「いまあるお金」に心から感謝する

イギリスの文豪チャールズ・ディケンズが書いた小説『クリスマス・キャロル』に登場するエベネーザ・スクルージは、冷酷無慈悲、エゴイストな守銭奴《しゆせんど》で、人間の心のあたたかみや愛情などとはまったく無縁の日々を送っている人物として描かれています。

共同経営者だったジェイコブ・マーレイの葬儀でも、マーレイのまぶたの上に置かれた冥銭《めいせん》を持ち去るほどで、みんなが神に感謝を捧《ささ》げるクリスマスも大嫌いでした。

そんなスクルージの前に、クリスマス・イブの夜、三人の幽霊が姿を現し、スクルージを過去・現在・未来の旅に連れ出します。

その結果、スクルージはかつて自分も慈しみの心を持っていたことを思い出し、最後は改心して感謝の気持ちを取り戻します。

この物語は、お金に執着する生き方がいかにむなしいかを諭《さと》す際のかっこうの教材となっていますが、いまでも多くの人に読み継がれているのは、人間にとって、お金と人生というもの、つまり人の欲望というものが昔から大きなテーマだったことの証でしょう。

現代社会で生きていくにはお金はどうしても必要です。お金がなければ食べるものも着るものも手に入りません。また、お金があればあるほど安心して暮らしていけるのは間違いありません。

そこで堂々巡りがはじまります。

スクルージのようなお金の奴隷になるのは嫌だけれど、お金がなくては生きていけない。もちろん、いっぱいあるほうがいいけれど、お金だけの人生はむなしそう。じゃあ、お金とはどうつきあっていけばいいのか……。

私も、当然、貯えがあるに越したことはないと思っています。お金に余裕があったほうが落ち着いて暮らすことができるでしょう。

でも守銭奴になんてなりたくありません。だから、まずは**「いま手元にあるお金に感謝する」**ことが大切だと思っています。

そもそも、お金は数字で表されるもの（つまり論理的な価値）ですが、じつは、感情に大きく左右されるものだとされています。

たとえば、いますぐもらえる一〇〇万円と、一年後にもらえる一五〇万円を提示された場合、あなたはどちらを選択するでしょうか。

ノーベル経済学賞を受賞した行動経済学者のリチャード・セイラーは、いますぐもらえる一〇〇万円を選択する人が圧倒的に多いと指摘しています。

論理的に考えれば、前者より後者のほうが明らかに得なのに、そうはせずに目の前のお金を手にする（利益を確定させる）ことを選択するのが一般的だというのです。これは、「将来何が起こるかわからない」という気持ちが強く働き、せっかちになるからだとされ、それが人間の常だとされていました。

ところが最近になって、**「日ごろから感謝の思いを持っている人は、そうでない人に比べて、あとで大金をもらう選択をする傾向が見られた」**という研究結果が発表されて、大きな話題になりました。

研究したのは、アメリカのノースイースタン大学とカルフォルニア大学の研究チームですが、感謝の気持ちと経済的な決定の関係について調べたところ、「感謝する気持ちを持っている人は、一年後にもらえる一五〇万円を選ぶ傾向が強い」というのです。

この結果が意味しているのは、

「感謝の思いが薄い人は将来の不安を抱えているために持っていないものへの執着が

強くて、せっかちに結果を求めがちなのに対し、感謝の思いの大きい人は将来への不安が少ないために、いまあるものへの満足感が強く、せっかちにならずにいられる」

ということです。

どちらの選択が正しいというわけではありませんが、少なくとも感謝の思いの強い人が、いまあるお金に満足して心穏やかに過ごせるのに対して、感謝の思いの薄い人は、いまあるお金を失うことを恐れて、不安にならずにいられない傾向が強い、ということを意味します。

あなたは、どちらの生き方を選ぶでしょうか？

私は、感謝の気持ちを持って、心穏やかに暮らすことを選びたいと思いますし、そんな社会をつくることを目指すべきだと思います。

今月の給料に
「ありがとう」

お金とは常に「いただくもの」

私は日々を幸せに生きていくには、

「お金とは手に入れるものではなく、〝いただくもの〟だと考え、感謝することが大切だ」

と考えています。

私が司会者の仕事につく前、大学を卒業して会社員として働いていたとき、ある営業所に三〇代の事務員さんがいました。

仕事もバリバリできる方でしたが、月末になると、その方から送られてくる本社営業部長宛ての書類のなかには、必ずメッセージカードが添えられていました。そこには、「今月もお給料をいただきありがとうございます」と書かれたメッセージが。

私はそのメッセージを見て、彼女が本当に素直な気持ちで自分をきちんと認めてお給料を払ってくれる上司に感謝しているのだと感じました。

そして、その感謝は営業部長ひとりに対してだけではなく、まわりのみんな、もっといえば、自分が生きている社会全体に対する感謝の気持ちのようにも感じました。

もちろん、そんなメッセージをもらった営業部長はうれしかったでしょう。新入社員だった私は「お金を『いただく』という姿勢が大事なんだな」と思いました。

これは三〇年くらい前のことですが、それ以前は、いまのようにお給料が銀行に振り込まれるのではなく、現金で給料袋に入れてもらっていた時代があり、そのころはまだ、社会全体に「お給料をいただく」という感覚が残っていたのかもしれません。

でも、お給料の銀行振り込みが一般化して、なんだかありがたみも薄くなってしまった、という先輩方の話をよく耳にしました。

現金でもらっていたときには、みな給料袋の厚みや重さを感じていたのでしょうが、通帳の「数字」を見るだけになってしまい、それとともに、給料は自分が働いたことへの当然の対価であるという考え方が一般的になっていったのでしょう。

もちろん、給料は自分が働いたことへの当然の対価であるという考え方は間違いではありませんし、給料を受け取ることは当然の権利です。でも、感謝の気持ちは忘れたくないと思います。

お給料はみんなでがんばって利益を上げるからこそいただけるもの。自分ひとりで稼ぎ出したものではありません。また上司の査定のもとに決められます。

ですから、「当然の権利」と考えるだけではなく、みんなといっしょにがんばったからこそ手にできている。上司が評価してくれたからいただける。そう考えて、感謝の気持ちを持つべきではないかと思うのです。

そういえば、最近になってようやく、企業の賃金アップに取り組む姿勢が見えてきました。二〇二三年の春闘では、急激な物価上昇が続くなか、トヨタやホンダが労使間交渉の場で、いち早く「満額回答」を打ち出して話題となりました。

賃金をアップすることで、みんながいっしょになって、難局を乗り切ろうということなのでしょう。

これはもちろん労働者側にしてみれば、とてもうれしいことですし、私はこうした動きがどんどん中小企業にも広がっていってほしいと思います。

お金とは「いただくもの」。そう考えれば、ともに働く仲間たちがいてこその給料アップです。仲間に感謝すること。そして、みんなで会社を、ひいては日本をもっとよくしていきたいものですね。

「ギバー」こそ
成功する

お金を「人のために使う」人は幸せになる

アメリカのハーバード大学のダニエル・ギルバート教授をはじめ、多くの研究者が、

「他人のためにお金を使うと、使った人の幸福度が増す」

として、それが定説となっていましたが、カナダのブリティッシュ・コロンビア大学のエリザベス・ダン教授らの研究チームは、そんな定説を検証するための実験を行ない、二〇〇八年に、

「お金で幸せを買うことはできる。ただし、他人のためや社会のために使う場合に限られる」

という研究結果を発表しています。

彼らが行なった実験は次の三つでした。

①アメリカ人六三〇人を対象に、お金を自分のために使ったあと、またはお金を他人にあげたあとの幸せ度を五段階で評価してもらった。すると、お金を他人にあげた人のほうが高い幸せ指数を示した。

②会社の従業員の三〇〇〇～八〇〇〇ドルのボーナスの使い道を調査した。すると、社会のために使った額が大きい人ほど幸せ指数も高いことがわかった（たとえば、ボーナスの三分の一を社会のために使った人は、社会のためにまったく使わなかった人よりも、幸せ指数が二〇％高かった）。

③カナダのバンクーバーの大学生に五ドルまたは二〇ドルを手渡し、その日のうちに使うよう指示した。すると、「他人のために使ったグループ」の幸せ指数が、「自分のために使ったグループ」の幸せ指数を上回った。

この結果を受けて、研究チームは、「他人のためにお金を使うと、使った人の幸福度が増す」と結論づけているのです。

たしかに、誰かのためにお金を使い、それが本当に役に立てば、喜んでもらえれば、大きな充足感が得られます。また、相手から感謝されることで、幸福感を得ることもできるでしょう。

そればかりではありません。

「他人のためにお金を使うことが、自分の富を増やすことにもつながる」

という学説もあります。

アメリカのペンシルベニア大学ウォートン校のアダム・グラント教授は、

「ギバー（与える人）こそ、もっとも成功する人だ」

としています。

彼は、人の思考と行動パターンを、ギバー（他人に利益を与える人）、テイカー（自分の利益を優先する人）、マッチャー（損得を均等にしてバランスを取る人）の三つに分けて、そのうち一番危険なのは「テイカー」だとしています。テイカーの、自分の利益を最優先するという考え方は他人も自分も不幸にするからです。

それに対して無難にバランスを取ろうとする「マッチャー」は一見、一番成功しそうですが、グラント教授は、「単なる成功者ではなく、幸せな成功者になりたければ、ギバーになることが必要だ」としています。

ただし、条件があります。それは**「自分も幸せにするんだ」という強い意志を持たなくてはならない**ということです。

その意志を持たないギバーは与えっぱなしで、貧乏なギバーで終わってしまいかねないからだといいます。

これはなかなか厳しい条件ですが、できれば、幸せな成功者になりたいものです。お金に余裕がなくてもお世話になった人にはそのときに精いっぱいの礼を尽くすとか、ボーナスをもらって少し余裕ができたら後輩にランチをごちそうするとか。そんなふうに、**まずは、身近な人のためにお金を使って、幸福度を高めるところからはじめませんか?**

善意の人、悪意の人

「お金には意思がある」と考える

「お金には意思がある」という人がいます。

善意の人のもとには寄ってくるし、悪意の人のもとからはどんどん離れていくというのです。

前述した「お金は人のために使うと幸せになって返ってくる」という研究結果も、まさにそれを証明しているといっていいのかもしれません。

では、どんなお金の使い方が善意に基づく使い方だといえるのでしょうか。

もっともわかりやすいのが、募金や寄付という行為です。

たとえば、欧米には**「ノブレス・オブリージュ」（nobless oblige）**という言葉があります。フランス語のnoblesse（貴族）とobliger（義務を負わせる）を合わせた言葉で、「貴族をはじめとする財産・権力・地位を有する者は、それにふさわしい社会的責任や義務を負わなければならない」という道徳観を意味します。欧米では、それが募金や寄付という形となり、社会に根づいているとされています。

一方、そうした寄付行為が根づいている欧米諸国に対し、日本にはなかなか募金や寄付の文化が根づかないといわれてきました。

しかし近年、大きく変化しているようです。日本人の個人による寄付が増加しているというのです。

日本ファンドレイジング協会によると、二〇二〇年の日本における個人寄付推計総額は一兆二一二六億円で、前回調査（二〇一六年）の七七五六億円から一五六・三％の増加となっているそうです。

この額はアメリカの約三四兆五九〇〇億円には及びませんが、それにしてもものすごい伸び率です。

これほど急激に寄付額が伸びたきっかけは「東日本大震災」だったとされています。あの未曽有《みぞう》の大災害が起きたとき、日本人は一致団結し、被災地の人々を支援しようと立ち上がりました。あのときの「みんなで被災地を支えよう」という熱気をみなさんも覚えているでしょう。

また、日本には世界中の国々から、多くの援助の手が差し伸べられました。日本人は、そのことも忘れませんでした。そして、大きな感謝の気持ちを抱いて、海外にも広く目を向けるようになったのです。

直近では、ロシアに侵攻されたウクライナへの寄付や援助、さらにはトルコ・シリア国境で起きた大地震への支援が呼びかけられ、多額の寄付が集まっています。

一人ひとりが寄付できる金額はけっして大きなものではないかもしれませんが、それが集まれば大きな力となります。

そしてそのお金は、まさに意思を持っているかのように、いま援助を必要としている人々のもとに流れています。

こうした日本の寄付行為は「損得勘定」で行なわれているものではありません。一人ひとりの純粋な善意のうえに成り立っています。

私はそれが大切だと思いますし、**損得勘定抜きの「善意」は必ずいい形で返ってくると信じています。**

6
章

Small Gratitude

「感謝」という
幸福の種をまく

「つながる」こと、
「助け合う」こと

「お互いさま」が幸せを呼ぶ

人は支え合ったり、助け合ったりして生きています。

そんななか、大事なのは、

「この前は私が助けてもらったから、今度は何か私にできることはないかしら?」

と「常に」そういう気持ちを持つことです。

そんな気持ちを象徴する言葉のひとつが、**「お互いさま」**です。

若い人からは、「お互いさまって、ギブ&テイクのこと?」といわれそうですが、「お互いさま」には、ギブ&テイクよりもっと感謝の気持ちが込められていて感情的に深いつながりを意味する言葉だと思います。

私は、「お互いさま」と言い合うことで、無意識のうちに感謝力を磨いているような気がします。

先日、たまたま、私が専門学校で教えていたときの教え子（ゆみちゃん）と会ったとき、ちょっといい話を聞きました。

ゆみちゃんの同級生（あいちゃん）は結婚して長野県に住んでいますが、子どもが生まれたので、ちょっとした贈り物をしたところ、あいちゃんのご主人が長野県の野菜をいっぱい送ってきてくれたのだそうです。

ゆみちゃんは、すごくうれしくなって、「ありがとう」と電話を入れたそうですが、あいちゃんは「彼は、田舎の人だからさ、いただいたら必ずお返ししなきゃいけないと思っているのよ。そんなに野菜をたくさん送られても困るでしょ？」といったというのです。

ゆみちゃんは、私に、「先生、あいは、そんなふうにいうけど、私は素直にうれしかったし、私のこともあいのことも考えてくれた旦那さんに、ありがたいなーと思いました」といいました。

私は、学校を卒業してもそんな関係を持ち続けている二人にうれしさを感じると同時に、私まで幸せな気分になりました。

あいちゃんも、ゆみちゃんからの「ありがとう」の電話がうれしかったに違いありません。「彼は、田舎の人だから……」といったのは、ちょっとした照れ隠しで、「お互いさまよ」という気持ちからのことでしょう。

都会では「お互いさま」の関係が薄れていますが、地方に行けば、まだまだ「お互いさまの関係」が生きています。

たとえば、シニア向けの集合住宅にちょくちょく顔を出す、若い男の子や女の子がいて、おばあちゃん、おじいちゃんから「病院に行きたい」とリクエストがあれば、「いいよ、じゃあ、明日〇時くらいに迎えに来るね」と車を運転してあげています。

別に、見返りが欲しいわけではありません。そうするのがあたりまえ……お互いさまだと思っているのです。

そんな子たちは地域のみんなから頼りにされますし、おばあちゃん、おじいちゃんたちは、自分の畑でつくった野菜や果物を「これおいしいから食べなよ」と、その子たちにあげるのを楽しみにしています。

そしてまた、そんな子たちが結婚して子どもができたとき、「ちょっと子どもを見てて」などと頼まれると、おばあちゃん、おじいちゃんは喜んで、まるで実の孫のように面倒をみてくれています。

少子化や高齢化が大きな問題になっている日本ですが、そんな「お互いさまの文化」を大切にしていくことも、問題解決のひとつの方法だと思います。

先住民族が
教えてくれること

「感謝のルーティン」をつくる

北アメリカの先住民族であるミンカス族の格言に、次のようなものがあるそうです。

「感謝する理由が見つからなければ、落ち度はあなた自身にある」

なるほど、と思います。

「あなたが生きている世界を見渡せば、感謝すべきことはいくらでも見つかるはずですよ。それを見つけられずに人をうらやんだり、妬んだりしているとしたら、それはあなた自身の考え方に問題があるからですよ」

ということでしょう。

とても深いし、考えさせられる言葉です。

日本北部、とりわけ北海道の先住民族であるアイヌの人々もまた、動植物、生活の道具や家、山や湖などの自然と自然現象のそれぞれに「神《カムイ》」が宿るとして敬い、人間も自然の一部であると考えていたといいます。

そして、彼らは、むやみな殺生は避け、狩猟や漁労にあたっては、必要なときに必要な分だけしか取らず、ほかの動物たちのため、今後のために自然のなかに残しておいたそうです。

また、アイヌに語り継がれる物語には、

「森羅万象に命があって、人間が大事だと思うものはすべて神様。そのすべての神様が自分の行動を見ているから、誰から見られても恥ずかしくない行動をしなさい」

という、神と自然と人間の関係についての教えがあります。

ミンカス族もアイヌの人々も、自然のなかで生き、この世のすべてのものに感謝の念を抱き、自然に寄り添って生きていたのです。

そんな生活はいまより何倍も不便で大変なものだったかもしれませんが、自然と共に生きるという暮らしは、精神的にはとても豊かなものだったような気がしてなりません。

私たちはいま、健康に生まれたことに感謝し、自分たちが地球という惑星で生かされているということに、もう一度思いを馳《は》せる必要があると思います。

すべてがあたりまえになっている日常——。

そのなかで自分が健康に生きていることのありがたさを実感するのは、なかなか難しいことでしょう。

でも、そんな私たちに、フランスの劇作家ジュール・ルナールは、このようにいっています。

「毎朝、目を覚ますたびに、お前はこう言ってもいいだろう——目が見える。耳が聞こえる。体が動く。気分も悪くない。ありがたい！　人生は美しい」

と。

彼が書いた小説『にんじん』はひとりの少年の成長の物語です。

主人公の少年は、赤い髪とそばかすだらけの顔をしていて、家族から「にんじん」と呼ばれ、雑用を押しつけられ、母親からも不当な扱いを受けます。しかしそれを乗り越え、最後は母親と愛情を通じ合うようになります。

この、『にんじん』の主人公は、じつはルナール自身の幼少期を投影したものだとされています。

そのルナールが「人生は美しい」と謳《うた》い上げているのです。きっと、彼がそういえるようになるまでには、多くの葛藤があったと思います。

だからルナールは、「目が見える。耳が聞こえる。体が動く。気分も悪くない。ありがたい！」というのです。

私たちもルナールがいうように、**「感謝するためのルーティン」を日々の生活につくりましょう。**

朝起きたとき、あるいは夜眠りにつく前に一日を振り返り、感謝を見つけるのです。

また、ことあるごとに「ありがとう」を口にするのです。

そうすれば、自分のまわりにたくさんの感謝が隠れていることに気がつき、素直に感謝の気持ちを伝えられるようになるはずです。

そして人間関係が、仕事が、人生が好転していくでしょう。

松下幸之助の言葉

「私は自分自身の幸運に感謝したい」

ここまで、まわりのすべてに感謝することが大切だと書いてきましたが、じつはその前に忘れてはいけない大切なことがあると思います。

それは、**「自分自身も感謝の対象にする」**ということです。

自分自身に感謝できないようでは、人に感謝する心を育てていくこともできないからです。

私は、まず素朴に「自分が生まれ、生きていること」に感謝してみてほしいと思います。

タレントの明石家さんまさんがよくいっています。

「生きてるだけで丸儲け」

と――。

みんな、さんまさんのキャラクターに引っ張られて、笑って聞いていますが、よくよく考えると、じつに奥深い言葉だと思います。

そもそも、さんまさんがこの言葉を、まるで格言のように口にするようになったのは、一九八五年の「日本航空123便墜落事故」がきっかけだったそうです。

事故があったあの日、さんまさんは、いつものように「123便」で、東京から大阪入りする予定になっていました。

ところが、レギュラー出演していた番組の収録が予定より早く終わったのです。そのため、一つ早い便に変更することとなり、おかげで事故を免れたというのです。まさに〝運〟がよかったのです。

ちなみに、さんまさんは娘さんをIMALU（いまる）と名づけました。さんまさんが、「いきてるだけでまるもうけ」からつけたというのは有名です。

この命名には家族から反対の声もあったようですが、そんな反対も押し切ったとか……。そんな話を聞くにつけ、さんまさんは、心から「生きているだけでも幸せなんだ」と実感し、感謝しているのではないかと思うのです。

経営の神様、松下幸之助さんもまた、こんな言葉を残しています。

「いかにすぐれた才能があっても、健康を損なってしまっては十分な仕事もできず、その才能もいかされないまま終わってしまいます。では健康であるために必要なことは何かというと栄養であるとか、休養とかいろいろあるが、特に大切なのは心の持ち方です。命をかけるというほどの熱意を持って仕事に打ち込んでいる人は少々忙しくても疲れもせず、病気もしないものです」

これだけ聞くと、「仕事に命をかけるほどの熱意があれば、病気などしない」と、単に労働者に対する厳しい精神論を語っているように聞こえるかもしれません。でも、松下幸之助さんは、こうもいっているのです。

「苦労を語る前に、私はまず自分自身の幸運に感謝したい」

私は、この「自分自身の幸運に感謝したい」という言葉にこそ目を向けるべきだと思います。

松下幸之助さんは、ことあるごとに**「自分は運がいい」**とも口にしたそうです。きっと〝健康で運がいい自分〟に、心の底から感謝していたのでしょう。

とはいうものの、繰り返しになりますが、健康は病気をしてはじめて、そのありがたみがわかるもの。健康なうちは、それがあたりまえですから、感謝の気持ちなんてまったく感じないまま過ごしてしまうのが人の常です。

そんなことを考えると、自分が健康であることに感謝もできないのは、なんとももったいないような気がしてきます。

感謝のない人生なんて、モノクロームの世界に生きているようなもの。「感謝する気持ちを持てば、人生はもっと彩り豊かなものになるのに、なんてもったいないんだろう」と思わずにいられません。

国枝慎吾の言葉

感謝は「乗り越える力」を与えてくれる

プロ車いすテニスのレジェンド、国枝慎吾《くにえだしんご》選手が、世界ランキング一位のまま現役引退を発表しました。その国枝選手は引退記者会見の最後を、次のような言葉で締めくくりました。

「日ごろから一番身近で支えてくれている妻や、テニスをするきっかけを与えてくれた母、天国で見守ってくれている父、今まで関わってくれたコーチ、トレーナー、マネージャー、車いすテニスの先輩方や関係者のみなさま、本当に僕自身を支えてくださってありがとうございました。

最後になりましたが、応援してくださっているファンのみなさまには、最高のテニス人生を送れたと言い切って、締めのあいさつとさせていただきたいと思います」

この国枝選手の言葉を聞きながら、私はあらためて感謝力の大きさを感じました。

国枝選手は九歳のとき、脊髄腫瘍による下半身麻痺で車いすの生活となりました。でも、彼は体を動かすことが大好きでした。そして、お母さんのすすめで車いすテニスをはじめたのです。選手生活を続けるうえで、きっとさまざまな苦労や葛藤があったと思います。彼自身、「自分は精神的に弱い人間で、何度もくじけそうになった。それを乗り越えるために、〝俺は最強だ〟と自分に言い聞かせていた」とも語りました。

私は、彼のそんな強い気持ちを支えていたものこそ、感謝力だったと思うのです。誰でも、自分自身を振り返れば、いろいろと感謝することがあるはずです。その感謝の気持ちこそ、何か困難にぶつかったときに、それを乗り越える力の源になるのではないかと思います。

「平常心」のつくり方

感謝は人生を〝安定〟させる

日ごろはまわりの人に対して傲慢な態度で接しているのに、ときとして妙に感謝の言葉を振りまくような人もいます。

そういう人は、同じような場面でも、あるときはやたらと感謝したくせに、あるときはまったく知らん顔をして、その場の雰囲気を台無しにしたりします。

そのときの気分次第なのでしょうが、まわりにしてみれば、なんとも迷惑な話です。そんな人には近づきたくないと思われても当然ですし、「情緒不安定」だとか、「多重人格」などといわれるようになるのは時間の問題です。

そんな評価を受けないためには、「心のムラ」をなくし、常に安定した気持ちを保つことが大切です。

「自分の感情を上手にコントロールする力を身につけましょう」ということです。そしてそのためには、根本的に自分の考え方を変えることも必要です。

具体的には、**「フラットな心でいる」**ようにすることです。

イヤなことがあっても、いたずらに落ち込んでクヨクヨしたりせず、反対にうれしいことがあっても、やたらに舞い上がったりしない。そのような精神状態でいる。そのために欠かせないのが、「感謝する力」です。

先にも述べたように、感謝の気持ちを持って生活していれば、多少の出来事には動じなくなります。打たれ強くなります。それと同時に人にやさしくなれます。

また、**「感謝力」をベースにした安定感のある人は信頼され、高い評価が得られます。それが、自信につながり、実績も上げられるようになりますし、達成感や充実感につながり、自分の人生が楽しくなる**のです。

そして楽しい人生を送っていれば、心身ともに健康になり、ますます穏やかに生きられるようになり、感謝の気持ちもますます持てるようになります。

つまり、**幸せになるのはけっして難しいことではなく、日々のなかに「感謝」を増やせば、いつの間にか人生が好転していく**ということなのです。

あとがきに代えて

「感謝できない自分」も許そう

ここまで感謝することがいかに大切かということについて、いろいろと書いてきました。

感謝の気持ちは誰もが持っている自然な感情です。それを上手にコントロールすることで、人生が大きく変わる可能性があることを知っていただければと思います。

でもじつは、いつどんなときにも感謝する心を忘れずにいるのはなかなか難しいことです。ときには「絶対に許せない！」という怒りにかられることもあるでしょう。

また、「感謝できない自分」がいるのに気づくこともあるかもしれません。

そんなときには、**「感謝できない自分を受け入れることも大事だ」**と、私は思っています。

たとえば、どんな人でも、自分より能力があって優秀だと感じる人に対して嫉妬したり、ライバル心を燃やしたりすることがあるものです。そしてそういうときには、ふと感謝の気持ちが影を潜めてしまうことだってあるでしょう。

でもそれは、けっして悪いことではありません。そんな気持ちがあるからこそ、もっとがんばろうと思いますし、それが人を成長させる原動力にもなるからです。

だから、「感謝することができない自分」をむやみに否定する必要なんて、まったくありません。むしろ、そんな自分を認める寛容力を持つようにすべきです。

「ああ、自分はいま、この人のことをうらやましいと思っているな」「自分はいま、素直に頭を下げる気になれずにいるな」と、しっかり自分の心の動きを認識すると同時に、そんな自分を「でもまぁいいか。そういう自分もいるのは当然だ」と許すことが大切です。

そうすれば心に余裕も生まれ、心のコントロール力がよみがえってきますし、それによって、隠れていた感謝の気持ちが再び浮かび上がってきます。

とはいうものの、いまの時代はなんだか、「まあいいか」と人を許したり、自分を許したりするのが難しくなっていますし、それとともに、自分自身の心をコントロールすることも難しくなって、結果的に感謝する機会が減っているような気がします。

その要因としては、日本で都市化が進んでコミュニティにおける人のつながりが希薄になっていることに加え、あまりにも情報過多になっていることが挙げられるでしょう。

いま、私たちの身のまわりの情報量は信じられないほど増えています。

それは悪いことばかりではないと思います。選択肢が増えるということでもあるからです。でもその一方で、いったいどの情報が自分にとって必要で大切なものか、どれを選択すればいいのかの判断がつきにくくなっており、それが大きなストレスとなっています。

たとえば、たくさんある情報のなかからある情報を選択したものの、思ったような結果を得られず、別の選択肢を選んだほうがよかったのではないかと後悔する人が増えていることが指摘されています。そんな後悔は、〝いまの自分に対する満足度〟を著しく低下させることにつながります。

また、「こうすれば幸せになれる」とか「こうすれば成功する」「こうすればお金持ちになれる」などというたくさんの情報を前にしていると、ついついその情報どおりに行動してしまいがちです。

とくに人生経験の浅い若い人たちには、そうした傾向が多く見られます。情報を鵜呑みにして、耳ざわりのいい情報に飛びついてしまうのです。

しかし、期待どおりにうまくいくとは限りません。むしろ、**ものごとは期待どおりにいかないことのほうが多い**ものです。

ある程度、人生経験を積んだ人なら「そりゃそうだ。人生、そんな簡単なものじゃないよな」と考える余裕があるでしょう。それが大人の知恵ですが、若い人のなかには、そんな失敗体験を繰り返しているうちに、「いわれたとおりにやったのにうまくいかないのは、自分がダメな人間だからだ」と絶望感を抱いてしまう人がいます。

あるいは、自分が好ましいと思う情報だけに目を向けて、多様な考え方を最初から受け入れない人も増えています。

自分が好ましいという情報に埋もれているのは居心地がよくてラクですし、自分が認められているような気持ちにもなるものです。


本人の問題ですから、それはそれでいいのかもしれません。

でも、そんな環境に居続けることで、自分と違う意見を持つ人に対して攻撃的になる人も出てきます。

自分の考え方が唯一絶対だと思い込み、まわりに対する寛容力を失って、多様な考え方を完全に否定するようになってしまうのです。

このように、寛容力をなくしては、周囲とうまくやっていけるわけがありませんし、感謝する心を育てることなんて、夢のまた夢になってしまいます。

その結果、ますますまわりの人と対立して、自分の居場所をなくしていくばかりです。

自分が成長していくには、自分に対しても寛容であるべきです。その第一歩として「感謝することができない自分を受け入れる」ことが大切です。

自分に感謝する習慣もぜひ身につけてほしいと思います。そうすれば、必ず幸せな人生への扉が開きます。

（了）

小《ちい》さな感謝《かんしゃ》
人生《じんせい》を好転《こうてん》させる一番簡単《いちばんかんたん》な方法《ほうほう》

著　者——鹿島しのぶ（かしま・しのぶ）

発行者——押鐘太陽

発行所——株式会社三笠書房

〒102-0072 東京都千代田区飯田橋3-3-1
電話：(03)5226-5734（営業部）
：(03)5226-5731（編集部）
https://www.mikasashobo.co.jp

印　刷——誠宏印刷

製　本——若林製本工場

ISBN978-4-8379-2946-8 C0030

三笠書房

鹿島しのぶの本

「また会いたい」と思われる人

"ここ"に気づけば、
あなたの印象は大きく変わる！

◆自分からまず動く　◆どんな話も面白がって聞く　◆上から目線で褒めない　◆相手の変化に気づき一言かける　◆「今度食事でも」を実現する……優しさ、親切、思いやり――人間関係の基本から好感度アップの秘訣まで、接遇のプロが教えます。

「品がいい」と言われる人

所作、服装、言葉遣い、気遣い……

「なぜ、あの人は感じがいいのだろう？」

●「TPOをわきまえる」のがすべての基本　●「お先に、どうぞ」――この一言がサッと言えますか　●「音」に気を配る――品がいい人の物静かな魅力　●「語先後礼」――美しい挨拶のしかた　●「怒り」は一瞬で品性を奪います……接遇のプロが教える「自分磨き」のヒント

T20097